· 高职高专艺术学门类『十四五』规划教材
· 职业教育改革成果教材
· 校企合作成果教材

三大构成（活页式教材）

主　编　李冬影

副主编　程雪飞　刘慧旎

参　编　孙岩岩　陈佳丽

U0642137

华中科技大学出版社
http://press.hust.edu.cn
中国·武汉

内 容 简 介

　　本书依据国家专业教学标准，按照广告艺术设计"岗位需求、项目引领、任务驱动、活动实施"的职业教育教学理念，结合岗位职业能力需求编写而成。本书有三个项目，包括平面构成、色彩构成及立体构成。本书的主要内容包括三大构成的基本原理、各类构成的方法、应用案例赏析、构成设计思路等，能使读者轻松掌握三大构成中最重要又最常用的知识点和方法。本书结合实例给出设计步骤，立足基础，拓展思维，提供了大量应用图例，供学生课外自主学习与探究。区别于传统教材，本书采用图解的方式对知识点进行了图像化处理，方便读者更直观地理解，提升读者的设计思维能力、设计操作能力与设计表达能力。

图书在版编目（CIP）数据

　　三大构成：活页式教材 / 李冬影主编 . -- 武汉 ： 华中科技大学出版社，2025. 1.
ISBN 978-7-5772-1561-7

　　Ⅰ . J061

　　中国国家版本馆 CIP 数据核字第 2025M0K053 号

三大构成（活页式教材）
San Da Goucheng（Huoyeshi Jiaocai）

李冬影　主编

策划编辑：彭中军

责任编辑：李曜男

封面设计：孢　子

责任监印：朱　玢

出版发行：华中科技大学出版社（中国·武汉）　　　　电话：（027）81321913

　　　　　武汉市东湖新技术开发区华工科技园　　　　邮编：430223

录　　排：武汉创易图文工作室

印　　刷：武汉科源印刷设计有限公司

开　　本：787 mm×1092 mm　1/16

印　　张：6.5

字　　数：175 千字

版　　次：2025 年 1 月第 1 版第 1 次印刷

定　　价：59.00 元

　　根据高职高专教育的特色，为了让学生在有限的时间内掌握重要的知识点，本书对三大构成知识点进行梳理，挑选个别不可忽视的通用性知识点做重点研究，致力于打造平台型课程，在传承三大构成理论的基础上，更新相关知识，加入具有时代特征的设计理念，为后续各领域的专业课奠定基础。本书有三个项目，在教学内容的编排上，针对知识点布置实训练习，让学生在实训活动中领悟理论知识，在大量的实训练习中培养创新能力。本书运用丰富的图例来辅助阐述每个知识点，文字精练，做到大师作品与优秀学生作品的展示相结合，实现教学互动。本书为学生提供相关资料，从而引导学生关注学科内与章节知识相关的热点、焦点，培养学生敏锐的专业洞察力，同时也可供任课教师参考。

　　本书的特点之一是可操作性强，结合现代艺术教育教学改革的新理念、新思维及新课程整合构架，确定编写的基本思想、原则及特色。本书是历年教学实践积累的结果，对教学活动有丰富的指导意义。此外，本书在编写上强调教学内容的延续性，力求涵盖各阶段的教学活动。本书在编写过程中得到隋秀梅、高文铭、徐琨等专家和相关院校领导的大力协助。此外，许多同行为本书的编写提出大量宝贵建议，在此一并表示衷心的感谢！尽管精心组织、认真编写，但时间仓促，书中难免有疏漏、不当之处，恳请读者批评指正。

编者于青岛

目录
Contents

项目一　平面构成 　　　　　　　　　　　　　 / 1

　　任务一　认识构成 　　　　　　　　　　　 / 2

　　任务二　认识平面构成 　　　　　　　　　 / 8

　　任务三　形式美法则 　　　　　　　　　　 / 11

　　任务四　骨格与单元形 　　　　　　　　　 / 17

　　任务五　平面构成的基本元素 　　　　　　 / 21

　　任务六　平面构成的组织形式 　　　　　　 / 26

项目二　色彩构成 　　　　　　　　　　　　　 / 35

　　任务一　认识色彩构成 　　　　　　　　　 / 36

　　任务二　色彩的秩序构成 　　　　　　　　 / 41

　　任务三　色彩的混合 　　　　　　　　　　 / 43

　　任务四　色彩的对比 　　　　　　　　　　 / 47

　　任务五　色彩的感知 　　　　　　　　　　 / 51

项目三　立体构成 　　　　　　　　　　　　　 / 57

　　任务一　立体构成的基本概念 　　　　　　 / 58

　　任务二　半立体构成 　　　　　　　　　　 / 67

　　任务三　点的立体构成 　　　　　　　　　 / 71

　　任务四　线的立体构成 　　　　　　　　　 / 75

　　任务五　面的立体构成 　　　　　　　　　 / 80

　　任务六　立体构成在设计中的应用 　　　　 / 86

参考文献 　　　　　　　　　　　　　　　　　 / 95

San Da Goucheng

（Huoyeshi Jiaocai）

项目一

平面构成

教学要求

了解构成的基础知识，掌握构成的概念、基本原则和形式，引导读者将构成的概念、方法运用到专业设计当中，激发读者的创作灵感，提高读者的创新能力与现代审美能力。

能力目标

1. 能运用平面构成的设计原理进行图形设计；
2. 具有综合应用的设计表现能力，具有初步分析、评价优秀设计作品的能力；
3. 能灵活运用点、线、面等设计元素；
4. 能通过学习形式美法则提高艺术处理能力。

知识目标

1. 了解构成的起源、发展；
2. 掌握形式美法则；
3. 理解点、线、面等基本元素，单元形与骨格等相关知识；
4. 掌握平面构成的基本元素、组织形式。

素质目标

1. 培养创意能力、设计能力、审美能力；
2. 具备专业知识的理解能力；
3. 具备动手操作能力、表达展示能力。

任务一　认识构成

一、构成的概念

请大家观察图 1.1.1 所示的图片，说说它们的特点。

这些图片中都有一些元素按照一定规律重复，使画面显得整齐又特别有秩序。

我们发现，在现实生活中，很多看似结构复杂的物体都可以分解成若干简单的小部件，这些简单的小部件又可以通过不同的组合方式组成一个新的物体。但是这种分解、组合不是随意拆分和堆砌，而是要遵循一定的艺术规律。如何做到既好看又符合设计原则，同时能在设计中应用，是构成的主要研究内容。

构成是一种造型概念，也是现代造型设计用语。构成就是将几个单元（包括不同的形态、材料）重新组合成一个新的单元。也就是说，我们要主观地感受世界，探索事物之间的组合关系和组合规律。

图 1.1.1　一组有特点的图片

　　构成是创造形态的方法,主要是对如何创造形象、形与形的组合关系,以及形象排列的规律等进行研究。人类所有的创造行为其实都可以看作对已知要素的重构。我们进行构成这种分解与组合关系的练习,就是要利用各种可能性,从不同的角度组合排列,从而产生新的造型。

二、构成的分类

　　一般来说,构成分为三个部分,分别是平面构成、色彩构成和立体构成,如图 1.1.2 至图 1.1.4 所示。

图 1.1.2　平面构成

图 1.1.3　色彩构成

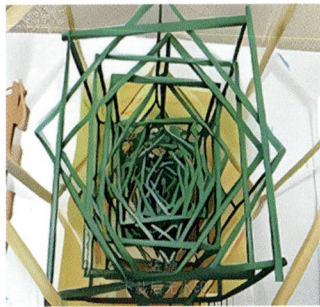

图 1.1.4　立体构成

　　这三个部分不是完全割裂的,而是彼此联系、相辅相成的。平面构成是基础,色彩构成是延续,立体构成是升华。我们在进行色彩构成的创作时,除了运用色彩构成的原理,也会运用平面构成的相关理论。同样,在进行立体构成的创作时,三个部分的知识都会涉及。

三、构成的发展简史

在学习构成原理之前,我们先来了解构成是如何产生和发展的。构成可追溯到几千年前。古希腊的亚里士多德提出了"宇宙四元论":所有物质都由"火、空气、水、土"四种元素构成;每一种元素都具备"冷、热、湿、干"四种性质中的两种。我国传统典籍《易经》认为万物由"地、山、水、风、雷、火、泽、天"构成,即"八象备,万物生"。构成在设计领域的确立与发展,源于俄国在"十月革命"以后掀起的"构成主义设计"运动。

（一）"构成主义设计"运动

"十月革命"给俄国的文化界和艺术界带来了革命和创新的气息。许多艺术家、建筑师和设计师认为,他们需要一种新的艺术形式来代表这个新的社会和新的未来。这种新的艺术形式就是构成主义。

"构成主义设计"运动,在艺术上也称为"至上主义"运动。它作为一种艺术流派在1913—1917年兴起。它的奠基人是俄国雕塑家塔特林、罗德琴科、加波等。构成主义始于雕塑,后来影响到建筑、绘画等艺术领域。1922年,俄国构成主义先驱们发布了亚历克赛·甘撰写的题为《构成主义》的宣言,提出了构成主义的三个基本原则:技术性、肌理、构成。这三个基本原则成为构成的基本准则。随着俄国的构成主义设计师到西方旅行和交流,俄国的构成主义观念和思想被带到西方,并对西方设计思想产生了极大的影响。构成主义作品如图1.1.5至图1.1.8所示。

图 1.1.5　塔特林《第三国际纪念塔模型》

图 1.1.6　罗德琴科《距离的构成》

图 1.1.7　加波《第一个构成头像》

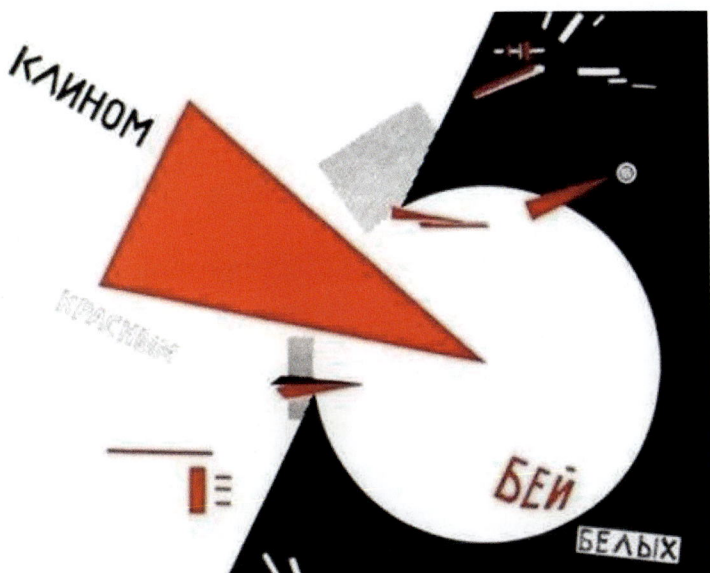

图 1.1.8　李西斯基《用红色楔子打败白色》

（二）荷兰"风格派"运动

1917 年,荷兰兴起了"风格派"运动。"风格派"运动是与俄国的"构成主义设计"运动并驾齐驱的重要现代主义设计运动之一,重要代表人物是蒙德里安。风格派的特点是高度理性,完全采用简单的纵横编排方式,字体完全采用无装饰线体,除了黑白方块或者长方形,基本没有其他的装饰,直线方块组和文字基本构成了全部的视觉内容,在版面编排上采用非对称方式,但追求非对称之中的视觉平衡。风格派作品如图 1.1.9 和图 1.1.10 所示。

图 1.1.9　蒙德里安《红、黄、蓝与黑色栏杆》（局部）

图 1.1.10　蒙德里安《开花的苹果树》

（三）包豪斯

1919 年 4 月 1 日，德国的魏玛创立了第一所新型的现代设计教育机构，即包豪斯国立建筑学校，简称包豪斯，如图 1.1.11 所示。

图 1.1.11　包豪斯

包豪斯的基础课程以严谨的理论为支柱，区别于传统基础课程的单纯技术训练，将平面、色彩、立体这三大构成设置为主要基础课程，通过理论学习来启发学生的创造力、丰富学生的视觉经验；通过技能操作使学生掌握创造基本造型的能力和技巧，为专业设计奠定基础。早期学院展览海报如图1.1.12所示。这种教育模式和教育体系,自包豪斯开始被西方现代设计教育采纳,沿袭至今。

　　虽然包豪斯自1919年成立至1933年被迫关闭只有短短的14年时间,但是它的教育体系和教学方式影响了整个欧洲乃至整个世界的现代设计艺术,促进了国际主义风格的形成。包豪斯培养了众多现代建筑和设计人才,也孕育了一个时代的现代建筑和工艺设计风格(见图1.1.13),被人们称为"现代设计的摇篮"。

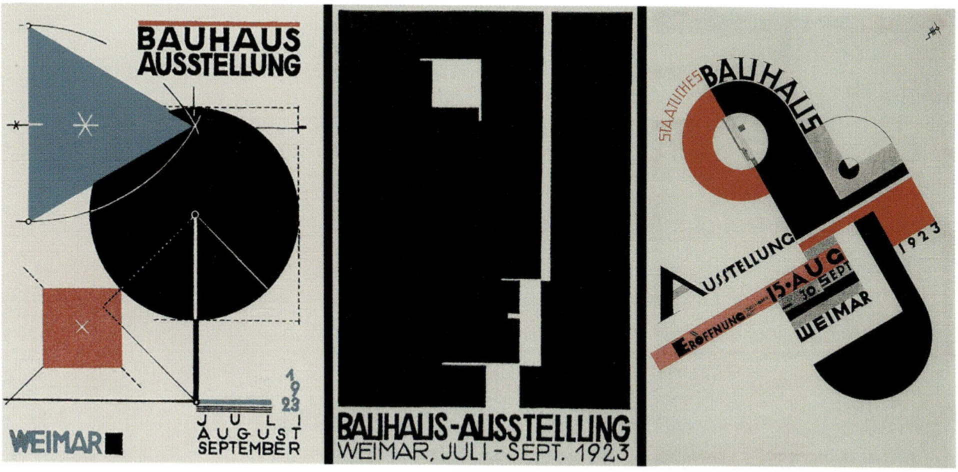

图1.1.12　早期学院展览海报

图1.1.13　被誉为现代建筑的开山之作的法古斯工厂

四、学习构成的意义

　　构成是从绘画到设计的桥梁。学习构成能够锻炼我们的抽象思维能力,空间立体思维能力,色彩的构成思维能力,手工艺制作能力,对形式美法则的灵活应用能力,色彩综合运用能力,对点、线、面的综合运用能力。学习构成的基本原理、形式、法则是为了更好地进行设计实践。

任务二　认识平面构成

一、平面构成的概念

平面构成是设计中基本的构成方式，是在平面上按一定的原理设计、策划的多种视觉形式。也就是说，平面构成研究的是视觉元素在二次元的分解、组合、变化等。

平面构成研究的是基本的元素组合关系，所以一般只用黑白两色，目的是便于研究和表现形态自身的情感力量。

二、平面构成的分类

（1）具象形态的平面构成：以具象事物的图形为元素进行变形、分解与重组，如图1.2.1所示。

（2）抽象形态的平面构成：以抽象的点、线、面为元素进行有规律的组合，如图1.2.2所示。

（3）混合形态的平面构成：以抽象形态为背景、具体形态为主体，形成完整画面，如图1.2.3所示。

图1.2.1　具象形态的平面构成　　　　图1.2.2　抽象形态的平面构成

图1.2.3　混合形态的平面构成

三、平面构成的工具

平面构成的工具如表 1.2.1 所示。

表 1.2.1　平面构成的工具

工具	种类	型号	主要用途
笔	铅笔	B ～ 4B 的型号均可，以 2B 铅笔为主，也可使用自动铅笔	画草图和起稿，表现正稿的特殊效果
	鸭嘴笔	中等型号	画直线
	制图笔（针管笔）	型号较多，从细到粗选 2 ～ 3 个型号	画直线，描边
	书法钢笔		画各种线条
	马克笔		表现特殊效果
	水粉笔	建议 2、4、6、8、10、12 各一支	填色和肌理表现
	勾线毛笔	小叶筋	勾线和小面积填色
	填色毛笔	小白云	填色
	小排刷		大面积填色
	圆规	带铅笔和鸭嘴两个头（也可选择三件套或四件套）	画圆形和弧线
纸	卡纸	根据画面需要选择颜色，以白色为主	画面主要表现介质
	硫酸纸		拓印、复制
	其他纸		根据画面效果需要选择
尺	三角尺（或直尺）		画直线
	云尺		画曲线
颜料	广告色	可以用脱胶的水粉代替，以黑色为主	画面表现
	其他颜料	水彩、国画颜料、墨汁等	根据画面效果需要选择
其他工具	壁纸刀		裁纸、刻画肌理效果
	绘图橡皮		去除多余的铅笔印记，保持画面整洁
	调色盘		调色
	水桶		清洗画笔
	洗水布		控制颜料和水的比例

四、从具象到抽象

在学习构成之前，我们学习的是如何进行具象的表现，如素描、色彩等都以具象表现为主。但是，单纯的具象表达不足以表现事物之间的组合关系和组合规律，我们就需要具备抽象表现的能力。

为了更好地理解抽象，我们来看看两幅西方美术作品。

这两幅作品分别是达·芬奇的《蒙娜丽莎》和毕加索的《哭泣的女人》，如图 1.2.4 和图 1.2.5 所示。《蒙娜丽莎》是文艺复兴时期的代表作品，《哭泣的女人》创作于 20 世纪。这两幅作品代表着西方不同时代的典型绘画风格。毕加索创作的《哭泣的女人》不同于传统的写实油画风格，将人物的面部轮廓结构切割，将眼睛、鼻子、嘴唇分解并重新摆放，使人物形象变得扭曲和支离破碎。这是毕加索对艺术的探索，是毕加索融合了立体主义与超现实风格的代表作。

图 1.2.4　达·芬奇《蒙娜丽莎》　　　　　图 1.2.5　毕加索《哭泣的女人》

通过这两幅作品的比较，我们不难看出，抽象的作品不是对绘画对象的简单再现，而是通过线条、色彩、形状和笔触等元素来传达艺术家的情感和想法。这种绘画方式强调的是形式的构成和内在情感的表现。

著名的画家和美术理论家康定斯基，被誉为现代抽象艺术的先驱。他的作品充满了象征和比喻，用点、线、面等元素来抒发心灵的声音（见图 1.2.6）。

中国现当代画家吴冠中致力于风景画的创作，他突破了中国传统水墨画的技法程式，将西方绘画的现代技法融入中国绘画的传统美学。他的作品中的点、线、面、色在空间运动中交织，充满形式美和节奏感（见图 1.2.7）。他毕生致力于油画民族化和中国画现代化的实践，推动了 20 世纪晚期中国艺术的现代化。

图 1.2.6　康定斯基的抽象画

图 1.2.7　中国现当代画家吴冠中的风景画

任务三　形式美法则

一、形式美法则的概念

美是什么？千百年来，人们一直在寻找这个问题的答案。然而直到今天，我们依然无法准确地定义"美"的标准。西方最早研究美的大多是数学家、天文学家和音乐家，因此，他们普遍认为美是数的和谐,并总结出一些经验性的规范,如透视、黄金分割等。中国古代关于美的研究则与西方不同,"意向"和"意境"是基本的审美范畴。以园林景观为例,西式园林多以几何造型为主,布置整齐,井然有序,如图 1.3.1 所示;中式园林多是自然形态,诗情画意,曲径通幽,移步换景,如图 1.3.2 所示。这两种园林在不同的文化和审美背景下呈现出不同的布局特点,但都能给人"美"的视觉感受,也印证了美的呈现是多种多样的,无法形成统一的准则。

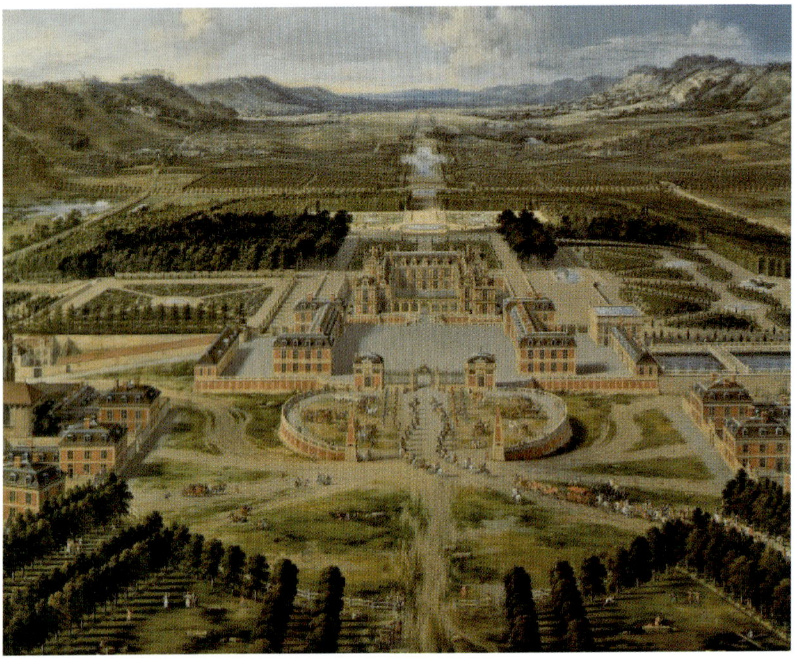

图 1.3.1　西式园林

图 1.3.2　中式园林

虽然美的形式多样,但也不是完全无迹可寻的。在自然界中,各种事物都蕴藏丰富的美的因素。这些美的因素被人们的视觉器官接收,在长期的社会生活实践中积累起来,逐渐形成一整套视觉经验。我们在进行艺术创作时,参照这些前人总结的经验,可以更快捷地抓住美的要素,可以避免出现偏离大众审美的现象。

形式美法则就是前人总结的可供我们参考的经验,是人类在创造美的过程中对美的形式规律的经验总结和抽象概括。形式美法则主要包括对称与均衡、变化与统一、对比与和谐、节奏与韵律。

二、对称与均衡

对称是指将中心两侧或多侧的形态,在位置、方向上做互为相对形式的构成。这种形式带来的视觉感受趋于安定和端庄,显示出规范、严谨有序、安静、平和的形式特征。

中国古代的建筑大多是对称结构,如北京的天安门、岳阳的岳阳楼、西安的大雁塔等,如图1.3.3 至图 1.3.5 所示。

图 1.3.3　北京的天安门　　　　图 1.3.4　岳阳的岳阳楼　　　　图 1.3.5　西安的大雁塔

一些标志也采用对称的方式,如麦当劳标志、大众汽车标志、中国银行标志等,如图 1.3.6 至图 1.3.8 所示。这些对称的标志简单、大方又有美感。

图 1.3.6　麦当劳标志　　　　图 1.3.7　大众汽车标志　　　　图 1.3.8　中国银行标志

均衡这种形式的特征在于画面多个重心相互作用,使作品看上去和谐,使各组成部分穿插得当。

与对称不同的是,均衡没有明确的中轴线,但形成左右或上下的图面关系,以等量不等形求得图面均衡,构成形式平衡而不呆板。

对称法则平面构成作品如图 1.3.9 所示。均衡法则平面构成作品如图 1.3.10 所示。

图 1.3.9　对称法则平面构成作品　　　　图 1.3.10　均衡法则平面构成作品

三、变化与统一

变化是在构成中突出各元素的特点，使画面丰富多彩、具有差异性；统一是一种富有秩序的安排，是设计师对画面整体美感进行调整和把握的主要方法。变化寓于统一之中，统一中求变化，两者相辅相成，互为补充，缺一不可。

变化法则平面构成作品如图 1.3.11 所示，统一法则平面构成作品如图 1.3.12 所示。

图 1.3.11　变化法则平面构成作品　　　　图 1.3.12　统一法则平面构成作品

四、对比与和谐

对比又称对照，就是将有可比性的反差很大的两个或两个以上视觉元素排列在一起，使人感受到强烈的对立感。

比利时超现实主义画家勒内·马格利特常采用对比的方法来表现作品。例如，作品《听音室》包含大小的对比、色彩的对比、明暗的对比、虚实的对比等,如图 1.3.13 所示。

　　《莲池翠鸟图》在构图和画面的处理上"密不透风、疏可跑马",通过精细的描绘和适度的留白来表现自然的意境,如图 1.3.14 所示。这种疏密的对比使画面呈现出一种和谐美感。

图 1.3.13　勒内·马格利特《听音室》

图 1.3.14　八大山人(明末清初)
《莲池翠鸟图》

　　和谐在这里有两层含义。广义的和谐是指判断两种或两种以上要素、部分与部分间的关系时,给我们的感觉和意识是整体协调的。狭义的和谐是指对比与统一两者之间不是乏味单调或杂乱无章。

　　我们在创作艺术作品时,往往通过对比来突出画面的特征,如图 1.3.15 所示。但过于生硬的对比可能会使画面有些松散,所以我们可以用一些方法让对比中略有调和,使画面更加完整,如图 1.3.16 所示。

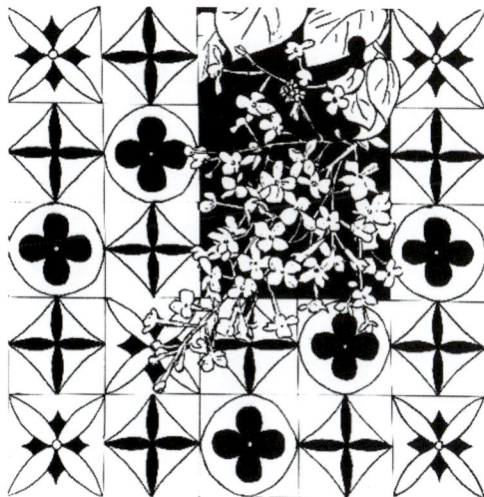

图 1.3.15　对比法则平面构成作品

图 1.3.16　和谐法则平面构成作品

五、节奏与韵律

节奏与韵律是音乐中的词汇。节奏是指音响节拍有规律地变化和重复,韵律是在节奏的基础上赋予一定的情感色彩。前者注重运动过程中的形态变化,后者侧重神韵变化且给人精神上的满足,如图 1.3.17 所示。

在构成设计中,节奏表现为形态和结构的反复、交替或排列,使人在视觉上感受到动态的连续性,以及所产生的运动感,如图 1.3.18 所示。

韵律中的"韵"通常指气韵、韵味、神韵等,"律"通常指节奏、节律、规律等。韵律是按一定的法则变化的节奏,也就是不同的节奏有规律地连续伸展的整体感觉,如图 1.3.19 所示。

图 1.3.17　一组有节奏和韵律的图片

图 1.3.18　节奏法则平面构成作品

图 1.3.19　韵律法则平面构成作品

任务四　骨格与单元形

一、骨格的概念

在生活和学习中，我们使用过各种不同格式的纸张，如方格、田字格、信纸格、笔记格、英文四线格、五线谱格等。这些格式会限制书写的方式。在平面构成中，也有限制和规定图形格式的方式，我们称其为"骨格"。

骨格就是构成图形的框架，可以使图形有秩序地排列。常见的骨格由各种骨格线及线与线交叉所形成的骨格点组成，如图 1.4.1 所示。骨格具有分割画面的空间及固定单元形的位置的作用。

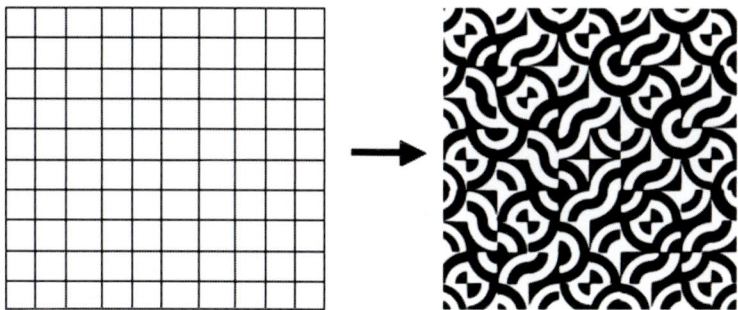

图 1.4.1　平面构成的骨格

二、骨格的分类

骨格一般分为四种类型，分别是规律性骨格、非规律性骨格、作用性骨格和非作用性骨格。

（一）规律性骨格和非规律性骨格

规律性骨格按照严格的数学方式构成，有精确、严谨的骨格线，使基本形按照骨格排列，具有强烈的秩序感，如图 1.4.2 所示；非规律性骨格一般没有严格的骨格线，构成方式比较自由，如图 1.4.3 所示。

（二）作用性骨格和非作用性骨格

作用性骨格也称显性骨格，给形象准确的空间，使基本形在骨格单位内可改变位置、方向，甚至超出骨格线，如图 1.4.4 所示；非作用性骨格也称隐性骨格，有助于单元形的排列和组织，如图 1.4.5 所示。设计师一般将基本形固定在骨格线的交叉点上，通过基本形的大小和位置的变化使画面表现出不同的疏密关系，从而产生鲜明的明暗对比。这种构成方式表现出的形象夸张，装饰效果强，并能显示特殊的韵律美。

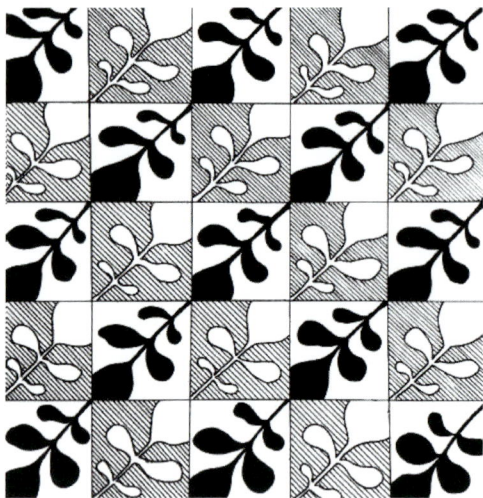

图 1.4.2　规律性骨格

图 1.4.3　非规律性骨格

图 1.4.4　作用性骨格

图 1.4.5　非作用性骨格

三、形的概念

　　宇宙万物都以自己独有的形态存在。一切可见的物体的外形、特征，或者设计中用来表达含义的视觉元素通称为形。具体来讲，在平面构成中出现在平面上的抽象形态或具象形态都称作形或形象。

　　单元形是指构成复合形象的基本单位，也称为基本形。单元形是平面构成的基本组成单位。

四、形的分类

（一）几何化的形

　　最简洁的形即几何化的形（几何形），如方形、圆形和等边三角形等。几何化的形在严谨的数理原则下产生,要借助制图工具来完成,显得严谨和明确,易于表达抽象的概念,如图 1.4.6 所示。

几何化的形抽象、单纯,因此在平面构成中应用最多。几何化的形过于有理性、明确,缺少人情味。

(二)提炼与概括的形

自然形态是繁杂、多样的,平面构成中的形往往不是自然之形的照搬,而是经过删繁就简、去粗取精的艺术加工,提炼的更高级的形。提炼与概括就是把复杂的物体简单化、烦琐的形态简洁化,变成主观意愿所传达的美的装饰形象,使形具有单纯而不单调的装饰效果。

在中国传统的艺术形态中,提炼与概括主要强调对象的外形特征,使形象单纯化、明确化。例如,汉画、剪纸、皮影等艺术形式把写实的形态转换成平面的艺术形式,栩栩如生、形象生动、耐人寻味,如图 1.4.7 所示。

图 1.4.6　几何化的形

图 1.4.7　概括提炼的形

(三)夸张的形

夸张是艺术创作与设计过程中很重要的表现手段,主要是抓住客观对象最本质、最突出的特征,来表现鲜明的形象,如图 1.4.8 所示。应用夸张的手段可使事物的形体特征和情态特征得到突显,进一步突出物象的典型特征,通过追求理想美的图形来弥补现实形态的不足。

例如,中国的画像石、玛雅的石刻、非洲的木雕等给人一种力量感、拙朴感,希腊瓶画和比亚兹莱、马蒂斯的人物造型给人舒展秀美之感。

(四)正负形(图底关系)

在平面上,形象称为“图”,其周围的空间称为“底”,即“正形”与“负形”。图与底的关系(正负关系)有时会发生转变,形成图底翻转,即正形转化为负形或负形转化为正形。无论怎样,平面的黑白构成都是靠正负关系来表达的。

荷兰画家埃舍尔的很多作品运用了正负形的原理,将数学的客观规律以美的具体形象来表现,具有很高的艺术价值,如图 1.4.9 所示。

图 1.4.8　夸张的形

图 1.4.9　埃舍尔的木刻版画《圆圈极限 4（天堂和地狱）》

五、形与形的关系

在构成中，两个或更多基本形组合产生了形与形的组合关系，这种关系主要有以下几种方式，如图 1.4.10 所示。

分离：形与形不接触。

相接：形与形相切。

覆叠：形与形之间是覆盖关系，产生上下、前后的空间关系。

透叠：形与形之间是覆盖关系，但不产生上下、前后的空间关系。

结合：形与形结合成较大的新形状。

减缺：形被覆盖，被覆盖的地方被去掉。

差叠：形与形交叠，交叠部分产生一个新形。

重合：形与形相互重叠，变为一体。

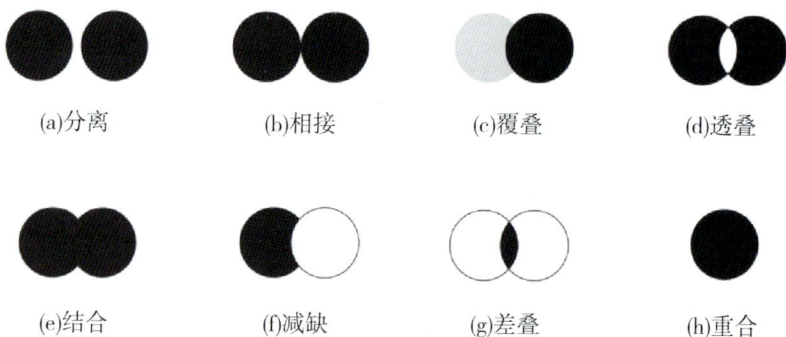

(a)分离　　(b)相接　　(c)覆叠　　(d)透叠

(e)结合　　(f)减缺　　(g)差叠　　(h)重合

图 1.4.10　形的八种组合关系

如图 1.4.11 至图 1.4.13 所示，我们以一组标志设计为例，来看一看形与形之间是如何组合的。

图 1.4.11　广发银行标志体现透叠关系

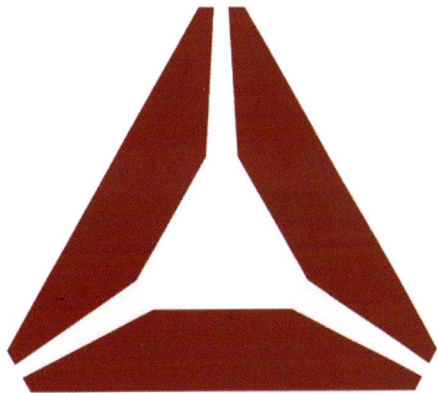

图 1.4.12　锐步标志体现分离关系

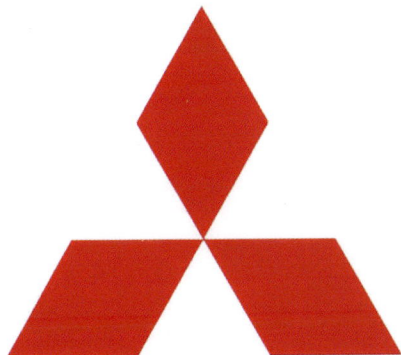

图 1.4.13　三菱汽车标志体现相接关系

◇
任务五　平面构成的基本元素
◇

点、线、面是平面构成的基本元素。在现代设计中,平面构成离不开点、线、面这三个基本元素,它们的不同组合可以创造出丰富多彩的视觉形象。因此,把握点、线、面及组合的运用规律,是设计美的形态的根本。

一、点的构成

(一)点的概念和形态特征

在几何学中,点是抽象的概念,没有大小、形状和位置。但在造型设计中,点有大小、形状和位置之分。就大小而言,越小的点作为点的感觉越强烈。

一般情况下,我们认为点是体积小的物体(如芝麻、围棋子、砂砾以及各种文字、符号)或远距离的、大空间对比下的物体(如满天繁星、远处的点点白帆、地图上的城市等)。但实际上,点的形式不局限于此,它的形态是多种多样的。自然界中很多事物都可以看成点,如图1.5.1所示。

图 1.5.1　生活中的点

（二）点的视觉特征

单个点居中时会产生平静、集中感;偏上时会产生不稳定感;偏下时会产生安定的感觉,但容易被人忽略。点位于画面三分之二偏上的位置时,最易吸引人的注意力。

两个大小不同的点同时出现时,大的点先引起人的注意。但是,人的视线会逐渐从大的点移向小的点,最后集中到小的点上。点大到一定程度会具有面的性质。

当画面中出现三个以上不规则排列的点时,画面就会显得很零乱,使人产生烦躁的感觉;若干大小相同的点有规律地排列时,画面就会显得很平稳、安静并产生面的感觉。

（三）点的聚集

由于点与点之间存在着张力，靠得较近的点会产生线的感觉，我们平时画的虚线就是这种感觉。点从四面聚集会产生面的感觉，如图 1.5.2 所示。

图 1.5.2　点的聚集产生面的感觉

二、线的构成

（一）线的概念和形态特征

线是点移动的轨迹。线具有位置、长度、宽度、方向、形状等属性。

线可以分为两大类：直线和曲线。直线可分为垂直线、水平线、斜线、折线、平行线、虚线、交叉线等，曲线可分为几何曲线和自由曲线等，如图 1.5.3 所示。

图 1.5.3　生活中的线

（二）线的视觉特征

线最善于表现动和静，直线表现静，曲线表现动，曲折线表现不安定的感觉。

　　直线具有男性化的特征，有力度、稳定；直线中的水平线表现平和、寂静之感，可以使人联想到风平浪静的水面、远方的地平线。曲线具有女性化的特征，表现丰满、柔软、优雅、浑然之感。

（三）线的面化

　　线虽然是独立的造型元素，但通过某些方式的组合可以转化为面的形态。图 1.5.4 和图 1.5.5 就是线的面化在设计中的应用。

图 1.5.4　南非视觉艺术家 Alexis Christodoulo 的虚拟建筑场景

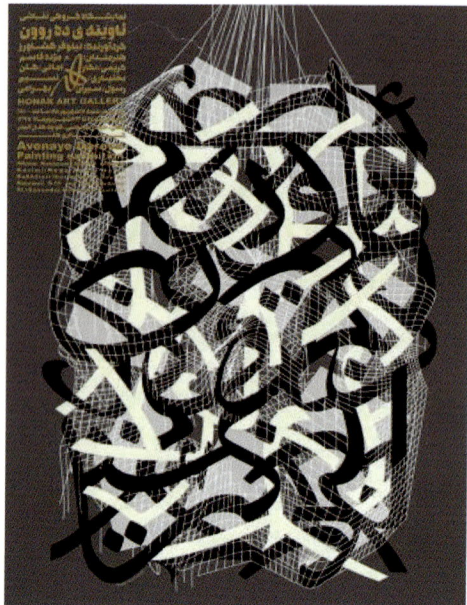

图 1.5.5　伊朗设计师 Amir Karimian 海报设计

三、面的构成

（一）面的概念和形态特征

　　面是线的移动轨迹。在平面设计中，面有长度、宽度、形状、位置等属性，没有厚度属性，如图 1.5.6 所示。

　　面的形态是多种多样的，不同的形态的面在视觉上有不同的作用和特征。直线形的面具有直线所表现的心理特征，表现安定、秩序感。曲线形的面表现柔软、轻松、饱满之感。偶然形的面自然生动，有人情味。

（二）面的构成方法

　　将不同几何形状的面自由组合可以表现规则、平稳、较为理性的视觉效果（等距密集排列）。

　　一些自然界的物体（如动物、植物等），以面的形式表现出来可以用高度概括的手法表达形象的特征，给人以更为生动的视觉效果。

　　我们可以用自由喷洒、点滴、火烧等方法来制作一些预料不到的、偶然间形成的面。偶然间形成的面充满自然的魅力，自由、活泼且富有哲理，具有浪漫、抒情、丰富、强烈、奔放的特性。

　　将人们创造出来的各种物体以面的形式表现出来可以使复杂的形象变得黑白分明、整齐统一,减少观看者无目的性的视觉移动,达到把准确的意念和信息迅速传达给观看者的效果。图 1.5.7 为运用面的构成原理创作的海报作品。

图 1.5.6　生活中的面

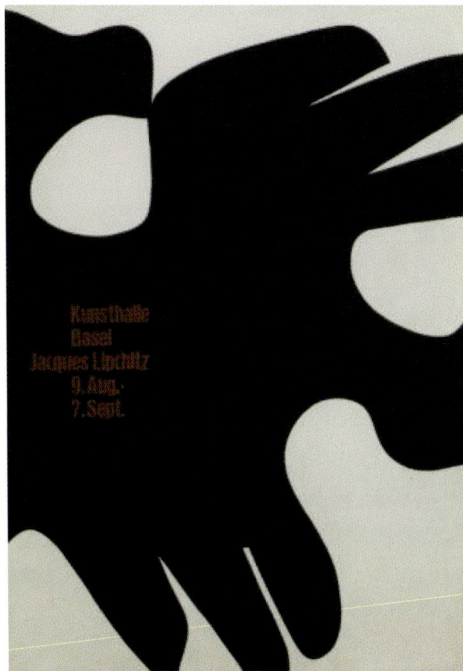

图 1.5.7　瑞士设计师 Armin Hofmann 的海报设计

四、点、线、面的综合运用

在实际设计中,设计师往往不是只运用点、线或面中的单独一个元素,而是综合运用点、线、面三个要素,使视觉语言更加丰富和复杂,如图 1.5.8 所示。

进行点、线、面的组合构成设计要避免杂乱,注意收顺和条理化,充分体现设计的基本法则,从而构成理想形态的设计,收到良好的视觉效果。

图 1.5.8　点、线、面元素相结合的平面构成作品

任务六　平面构成的组织形式

一、规律性平面构成

（一）重复构成

在平面构成中，最简单的组织形式是重复，如图 1.6.1 和图 1.6.2 所示。重复就是相同的基本形有秩序、有规律地出现两次或两次以上的组织形式。重复构成源于生活中的现象，如室内装饰的墙砖、地砖，教室里摆放的课桌椅，乐器的琴键或琴弦，中国传统建筑上的瓦片等。不难想象，重复构成的一个重要特点就是有强烈的秩序感，使画面呈现统一、有节奏感的效果。同时，一个形象反复出现，能够加深印象，起到强化的效果。但是，过多的重复会使画面显得呆板，容易造成视觉疲劳。

重复有基本形重复和骨格重复两种形式。基本形重复指的是在构成设计中使用同一个基本形重复排列构成画面，基本形重复可使设计产生绝对和谐的视觉效果。骨格重复一般指基本形形状相同，但大小、方向、颜色不一致。

（二）近似构成

在构成中，骨格和基本形变化不大或相似的形象组合，称为近似构成，如图 1.6.3 所示。在自然界中，近似的形态比较普遍，如树的枝干、叶片、花朵等，都能使人想到同类形象。

近似是重复的轻度变异。它没有重复的严格规律，具有一定的变化性及自由度，画面效果

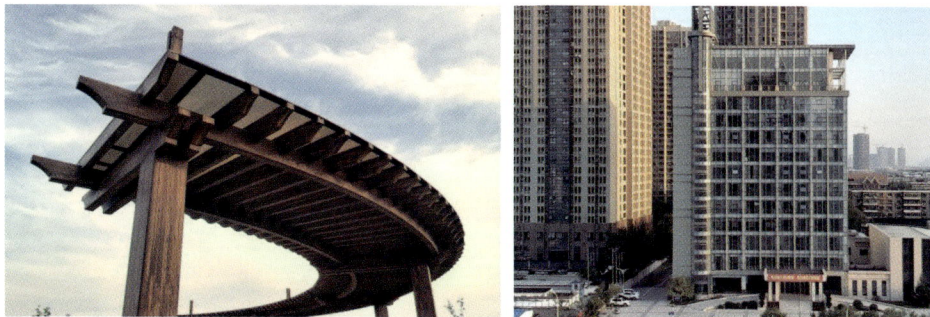

图 1.6.1　生活中的重复构成

较为活跃,但不失规律感。近似指的是在形状、大小、色彩、肌理等方面有共同特征,它表现了在统一中呈现生动变化的效果。

图 1.6.2　重复构成作品

渐变构成可分为形状近似和骨格近似两类。形状近似是指画面中的形象属同一类别;骨格近似是指骨格单位的形状、大小有一定变化。

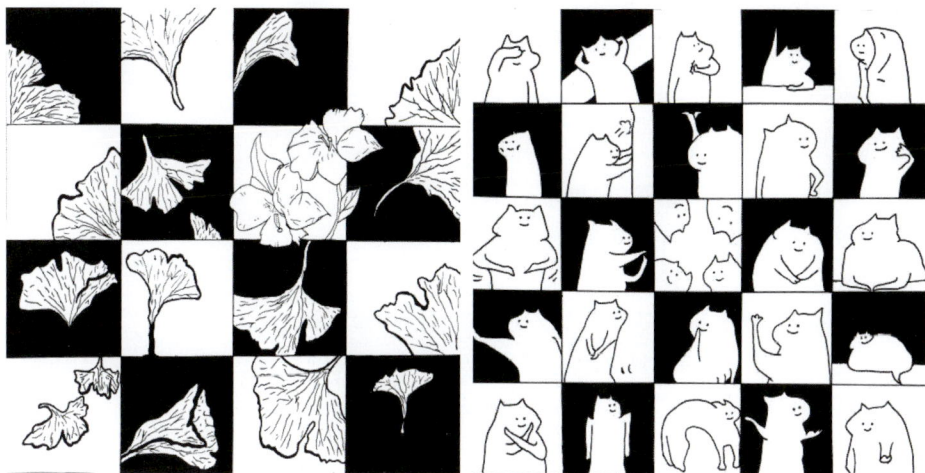

图 1.6.3　近似构成作品

（三）渐变构成

渐变构成是指基本形或骨格有规律地、逐渐循序变动，如图 1.6.4 所示。渐变的关键特征是"变化"，其节奏与韵律感至关重要。变化太快会失去连贯性，循序感就会消失；变化太慢会产生重复感，缺少空间透视效果。

图 1.6.4　渐变构成作品

常用的渐变有以下几种。

形状的渐变：一个基本形渐变为另一个基本形。

方向的渐变：基本形形状不变的前提下在平面上进行方向、角度的渐变，可以增强立体感和运动感。

位置的渐变：基本形做位置渐变时需用骨架，因为基本形在做位置渐变时，超出骨架的部分会被切掉。

大小的渐变：基本形由大到小渐变会产生空间感。

色彩的渐变：在色彩中，色相、明度、纯度都可以渐变并产生有层次的美感。

在渐变骨格下的渐变：渐变骨格即在重复骨格的基础上通过调整骨格作用线，使骨格产生疏密变化，渐变骨格线依据"等差数列"和"等比数列"原则，做水平、垂直、斜线、折线、曲线等渐次循序的改变。

（四）发射构成

发射构成是一种特殊的重复，是基本形或骨格环绕一个或多个中心点向四周散开或向内集中，是一种有秩序的运动过程，如图 1.6.5 所示。

发射构成大致有以下几种类型。

离心式：发射的骨格线均由中心向外发射，有向外的运动感。

同心式：基本形根据放射骨格线，围绕着一个中心一层一层环绕向外扩展。同心式的变化很多，如多圆中心、螺旋形等。

向心式：所有骨格线指向一点，是一个发散或聚集的过程。向心式也有不同的形式。

多心式：以多个中心为发射点，即同一画面中同时出现两个或两个以上的放射中心。

图 1.6.5　发射构成作品

二、非规律性平面构成

（一）特异构成

特异，也称变异，指在有规律、有秩序的构成关系里，个别形态有意违反常规造成的突破或差异。特异构成是使少数要素突出，形成强烈对比的构成形式，如图 1.6.6 所示。特异部分突出、引人注目，形成视觉中心。

常见的特异构成有以下几种类型。

形状、大小的特异：在许多重复或近似的基本形中，出现一小部分特异的形状或在大小上做些特异的对比，以形成视觉差异，成为画面上的视觉焦点。

色彩的特异：在同类色彩构成中，加入某些对比成分，形成色彩突变的视觉效果，以打破单调。

规律的特异：基本形的排列是有一定规律的，在少数基本形或骨格上有所变化以形成特异的效果。

肌理的特异：在相同的肌理质感中，形成不同的肌理变化。

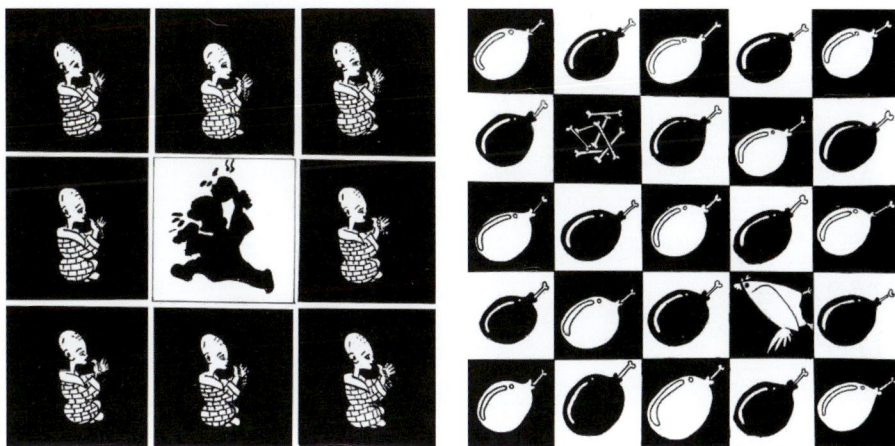

图 1.6.6　特异构成作品

（二）对比构成

与特异构成相比，对比构成是更自由的构成形式。这种构成形式没有骨格线，仅依靠基本形的形状、大小、方向、位置、色彩、肌理等的对比，以及重心、空间、有无、虚实的关系元素对比，给人强烈、鲜明的感觉，如图 1.6.7 所示。对比构成是以差异为前提，在差异中求统一的构成形式。

对比构成主要包括以下几种类型。

大小、形状的对比：形状在画面上的面积不同、形状不同产生的对比。

色彩的对比：色彩的色相、明暗、浓淡、冷暖不同产生的对比。

肌理的对比：不同的肌理感觉，如粗细、光滑、纹理的凹凸感不同产生的对比。肌理的对比视觉冲击较强，同时引发触觉联想，形成肌理对比的美感。

位置的对比：位置不同，如上下、左右、高低等不同产生的对比。

空间的对比：平面中的正负、图底、远近及前后感产生的对比。

动与静的对比：动与静是指平面形态使我们的视觉和心理产生的动与静的感受，这些感受与我们在生活经历中形成的经验有很大的关系。

图 1.6.7　对比构成作品

（三）密集构成

密集构成是对比构成的一种特殊情形，是指基本形在某些地方密集，在其他地方分散，如图 1.6.8 所示。城市是密集构成最典型的实例，建筑与人口都集中在城市中心。

创作密集构成时要注意处理好以下对比关系：空间对比关系、聚散对比关系、大小对比关系等。聚散对比关系是密集的图形与松散的空间形成的对比关系，是密集构成作品必须处理好的重要问题之一。中国画常用空间聚散对比的构图形式，"计白当黑"，给我们留下无尽的遐想空间，如图 1.6.9 所示。

（四）空间构成

空间构成是指以视觉透视的方法得到幻觉性平面空间的构成形式，它在平面构成中的应用是很重要的，如图 1.6.10 所示。平面中的立体感要利用黑白、大小、相叠、相隔距离、疏密关系来表现。

图 1.6.8　密集构成作品

图 1.6.9　中国画经典构图形式

空间可分为自然空间、平面空间和矛盾空间几种类型。

自然的空间是立体的空间。万物呈现眼前,为三次元空间状态。平面构成作品一般是在纸上或其他平面介质上完成的,所以我们更多讨论的是平面空间。

平面空间指的就是在平面中的空间形式。平面空间具有平面性、幻觉性和矛盾性。所谓平面中的空间其实是一种假象,三维空间只是二维空间的错觉,其本质还是平面的。要在平面的画面中体现空间感,形象的大小、位置、方向至关重要。这些因素能够使人产生立体的幻觉,从而导致幻觉的空间感。图 1.6.11 为平面中空间感的表现方法。

图 1.6.10　空间构成作品

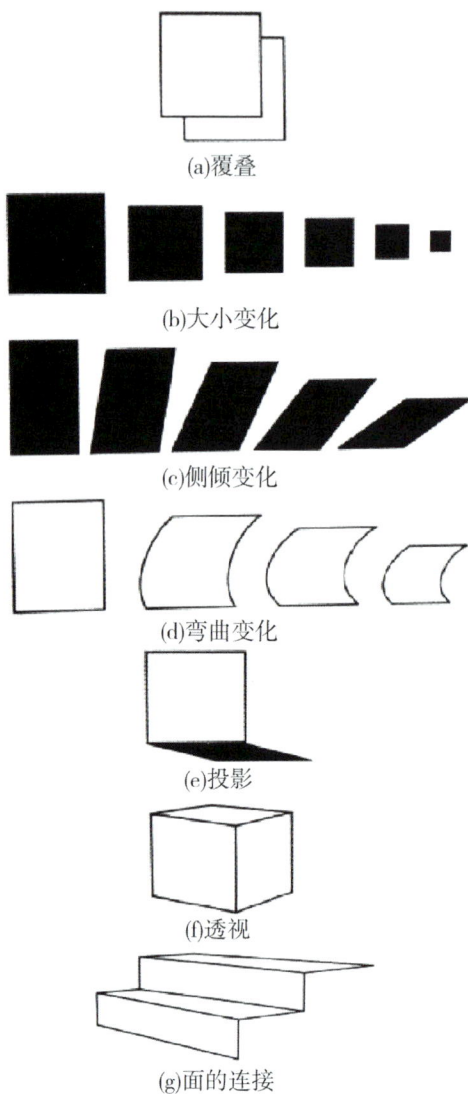

(a)覆叠

(b)大小变化

(c)侧倾变化

(d)弯曲变化

(e)投影

(f)透视

(g)面的连接

图 1.6.11　平面中空间感的表现方法

矛盾空间一般有两个以上的视点。由于视点变动,形象的空间关系会交替变化,表现为一种强烈的空间冲突。

著名的潘洛斯三角形(见图 1.6.12)被称为"最纯粹的不可能"。潘洛斯三角形看起来像一个由三个长方体组合成的三角形,但长方体之间的夹角又似乎是直角。这种特性并不能在三维空间中的任何物体上实现。荷兰画家埃舍尔也以矛盾空间为题材创造过很多作品,如图 1.6.13 所示。

图 1.6.12　潘洛斯三角形

图 1.6.13　埃舍尔的矛盾空间作品

三、肌理构成

(一)肌理的概念

"肌"指的是皮肤,"理"指的是纹理。肌理是指物体表面的组织纹理结构,即各种纵横交错、高低不平、粗糙平滑的纹理变化,是人对设计物表面纹理特征的感受。

物体表面都有一层"肌肤"。在大自然中,物体表面呈现各种各样的形态,或平滑光洁,或粗糙斑驳,或轻软疏松,或厚重坚硬。这种物体表面的组织纹理变化形成一种客观的自然形态,即肌理,从而给人不同的视觉感受。

并不是所有肌理都是美的,它在特定的空间、特定的环境、特定的光线之下才能呈现出某种美感。我们可以从这些肌理中汲取艺术的灵感,并把这种自然肌理用各种方法表现出来,创造出具有艺术感的肌理构成作品,如图 1.6.14 所示。

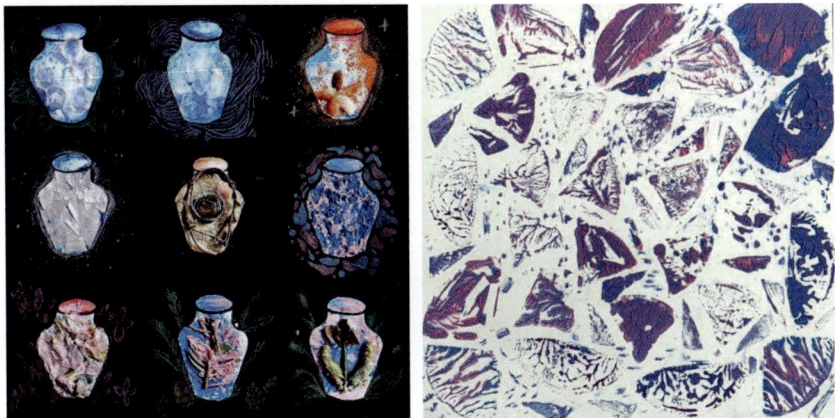

图 1.6.14　肌理构成作品

（二）肌理构成创作技法

充分了解材料是创造独特肌理效果的有效途径。关注新材料、新技术，不断创新技法表现，才能使作品产生强烈的视觉冲击力和新鲜感。下面介绍几种常用的肌理表现手法。

写绘法：用笔和颜料在材料表面写或绘，是创造肌理形象的基本方法。写绘法运用十分广泛，具有很强的表现力。

吹彩法和滴流法：将有较多水分的颜料着于纸面，趁湿吹动颜料，从而产生不规则纹理的方法是吹彩法；将纸张稍稍倾斜，使颜料自然流淌而产生偶然效果的方法是滴流法。

水油互斥法：先用油画棒或蜡笔在画面上着色，然后用颜料平涂覆盖，利用水油互斥的原理产生偶然形态的方法。

浮彩法：先将颜料滴入一个盛水容器，再滴入一两滴油，略微搅动，使水面的颜料呈现某种偶然的形态，将纸张迅速放入该容器并迅速取出，使纸面上形成某种偶然形态的转印纹样的方法。

拓印法：在凹凸不平的物体表面涂上颜料，按压于平面材料上，产生拓印效果。拓印效果取决于平面材料与颜料的附着状况，以及颜料的厚度、黏度、按压力量、分离速度等因素。

此外，采用喷刷法、弹线法、甩墨法、皂泡法等创作技法都可以创作出具有艺术效果的肌理构成作品。抛开平面维度，我们还可运用搓揉、刮擦、撕裂、粘贴等方法丰富视觉效果。

除了以上介绍的方法，在创作时还可根据实际条件开发新的表现技法，但不管使用什么方法，最终呈现的画面效果都要为作品服务。

📖 |思考练习|

1. 收集符合构成规律的图片或视频素材，分析其符合哪些形式美法则。

2. 构成作为一门学科具有怎样的发展历程？

3. 生活中还有哪些符合对称法则的物体？

项目二

色彩构成

了解色彩的基本原理，培养色彩认知，掌握颜色混合的方法和技巧，掌握色彩对比的原理及表现形式，了解色彩性格特征，熟悉色彩的心理效应。能够从自然中、生活中以及古今中外的艺术作品中认识色彩，提高审美能力。

能力目标

具备色彩感知能力、审美能力和判断力，能够进行一般色彩搭配，为创作完成构思和表达设计方案提供有效的方法。

知识目标

1. 掌握色彩基础知识，色彩三要素及调色与配色；
2. 掌握色彩调和原理和基本配色常识；
3. 掌握色彩心理效应及设计中的色彩心理运用方法。

素质目标

1. 具备较强的理解能力，具备分析问题、解决问题的能力；
2. 具备严谨的工作作风及创新思维；
3. 具备敏锐的观察力及判断能力；
4. 具备沟通、表达能力；
5. 具备踏实、严谨和精益求精的工作精神；
6. 培养审美及鉴赏能力。

任务一　认识色彩构成

瑞士画家、色彩学家约翰内斯·伊顿曾说过，"如果你能不知不觉地创作出色彩的杰作，那么你就不需要色彩知识。但是，如果你不能在没有色彩知识的状态创作出色彩的杰作，那么你就应该去学习色彩知识"。所以，色彩知识是我们在设计中感知世界、传递情感的重要工具。在色彩构成项目的学习中，我们将认识色彩、运用色彩，在平面构成的基础上，逐渐学会将色彩理论运用到色彩构成作品中，进而在不同的设计作品中得心应手地进行色彩的设计和搭配，并创造出精彩的作品。

一、认识色彩的途径

在原始社会，人们用壁画、彩陶等记载农耕、渔业、祭祀等生活场景，这是人类早期对色彩的认识和运用，也创作出古朴、典雅、神秘的绘画杰作。

　　我们能在日常生活中接触各种色彩,如自然中的色彩(见图 2.1.1)、生活中的色彩(见图 2.1.2)等。可以说,在日常生活中接触色彩是我们认识色彩的一个重要途径。

　　我们还可以从各艺术门类对色彩的艺术性表现中认识色彩,如造型艺术、电影戏剧艺术中的色彩等,如图 2.1.3 所示。作品色彩是融入艺术家个人情感和艺术造诣的个性化表现。多观察、多体验、多搜集是认识色彩的前提。看一部经典的电影、欣赏一本精美的美术画册、观摩一次高水平的设计或美术作品展览、欣赏一场好的歌舞剧或音乐会,也许是你可以在特定的时空里集中欣赏、玩味和揣摩艺术家们如何在他们的作品中运用色彩的绝佳机会。

　　认识色彩还有一个重要途径,就是了解传统色彩。在几千年的文化传承中,我们形成了有别于西方的、完整的色彩体系,蕴藏着中国人的审美情趣和文化沉淀。从大到红墙绿瓦的建筑和装饰、小到各种文物和艺术珍品中,甚至传统诗词和各种文字中,我们都能窥探传统色彩的魅力,如图 2.1.4 所示。

图 2.1.1　自然中的色彩

图 2.1.2　生活中的色彩

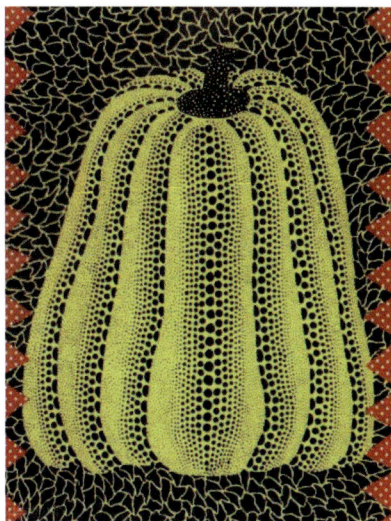

图 2.1.3　艺术作品中的色彩

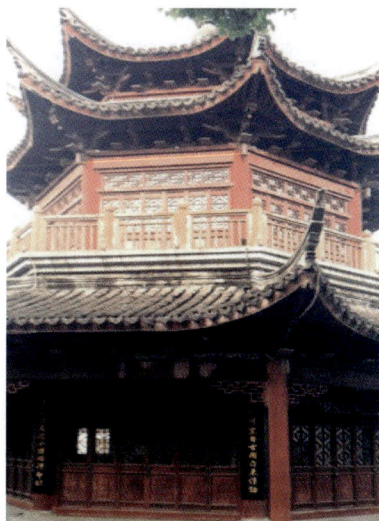

图 2.1.4　传统色彩

现代色彩学是一门综合性的学科，包含光学、生理视觉、心理学、社会学和美学等多个学科。色彩设计研究、色彩体系理论研究，以及色彩资料的收集、研制和创新都是我们通过科学研究认识和了解色彩的途径。颜色科学在工业、文化、科学技术等领域扮演着越来越重要的角色，近几年持续受到高度的重视。

二、色彩的产生

没有光就没有色彩，我们看到的多姿多彩的世界都是光赋予的。所以要了解色彩就要先了解光。从广义上讲，光在物理学上是一种客观存在的物质，它是一种电磁波。它是特定波段电磁波的一种表现形式。电磁波有很多，包括 γ 射线、X 射线、紫外线、可见光、红外线、微波等，如图 2.1.5 所示。它们有不同的波长和振动频率。并不是所有的光都有色彩。波长长于 770 nm 和短于 390 nm 的电磁波是人眼看不到的，波长为 390～770 nm 的电磁波才能引起人的视觉感知。能引起人的视觉感知的电磁波就叫可见光或光。其余波长的电磁波，都是肉眼看不见的，通称不可见光。波长大于 770 nm 的电磁波叫红外线，小于 390 nm 的电磁波叫紫外线。

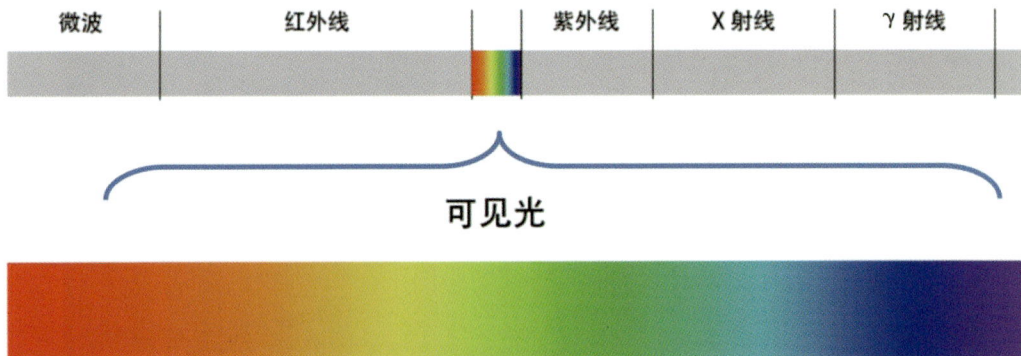

图 2.1.5　电磁波光谱

英国物理学家牛顿的三棱镜实验打开了科学认识色彩的大门，使人们对自然光有了可靠的认识。他把太阳光引进暗室，使其通过三棱镜再投射到白色屏幕上，结果光线被分解成红、橙、黄、绿、蓝、靛、紫的彩带。色光再通过三棱镜就不能分解了。牛顿据此推论：太阳光是由这七种颜色的光混合而成的。

三、光源色和物体色

（一）光源色

能够发光的物体叫光源，如图 2.1.6 所示。所有物体的色彩都是在光源照射下产生的。相同的物体，在不同的光源下呈现不同的色彩。白纸之所以叫白纸，是因为在自然光的照射下呈现白色。但是白纸在红光的照射下呈现红色，在绿光的照射下呈现绿色。可见，光源必然对物体产生影响。除了光源色，光亮强度也会对照射物体产生影响。

图 2.1.6　常见的光源

（二）物体色

不发光的物体的颜色称为物体色。

物体色具有基本的两种表现形式：物体表面反射光呈现的颜色叫表面色；透过透明物体的光呈现的颜色叫透明色。不透明物体的颜色是由它反射的色光决定的。当白光照射到物体上时，一部分光被物体表面反射，另一部分光被物体吸收，剩下的光透过物体。不透明物体，即不透光的物体的颜色取决于不同波长的色光的反射和吸收情况。如果物体几乎能反射所有色光，这个物体看上去是白色的；如果这个物体能吸收几乎所有色光，这个物体看上去是黑色的。红色的物体只反射日光中的红色光，所以呈现红色。蓝色的物体只反射日光中的蓝色光。黄色的物体比较特殊，它反射的是日光中的红色光和绿色光。

四、色彩的组成

（一）原色、间色和复色

原色就是不用其他颜色混合，可以直接得到的颜色，也叫一次色。

三原色就是指这三种原色中的任意一种原色都不能由另外两种原色混合产生，而其他颜色可由这三种原色按一定的比例混合产生。由于光源色和物体色是两种不同的色彩系统，三原色分为光的三原色和物体的三原色。

1802 年，英国生理学家托马斯·杨根据人眼的生理特征，提出光的三原色为朱红、翠绿、蓝紫，如图 2.1.7 所示。这三个色光都不能用其他的色光混合产生，但可以混合产生其他色光。

直到 19 世纪，人们才开始认识到色光的原色和颜料的原色的混合规律是不同的。物体的三原色为红色、黄色、蓝色，如图 2.1.8 所示。它们相互混合可以产生很多漂亮的色彩。

图 2.1.7　光的三原色　　　　　　　图 2.1.8　物体的三原色

间色是三原色两两互混得到的。例如，红色和黄色互混得到橙色，红色和蓝色互混得到紫色，黄色和蓝色互混得到绿色。橙色，紫色和绿色就是二次色，我们把它们称为间色。

原色和间色混合或间色与间色混合产生的颜色叫作复色，也叫三次色。

（二）色彩的分类

色彩一般分为无彩色和有彩色。

无彩色是指白色、黑色，以及由白色、黑色混合形成的各种深浅不同的灰色，如图 2.1.9 所示。

无彩色按照一定的变化规律，可以排成一个系列，由白色渐变到浅灰、中灰、深灰到黑色，色度学上称此为黑白系列。黑白系列中由白到黑的变化，可以用一条垂直轴表示，一端为白，一端为黑，中间有各种过渡的灰色。

图 2.1.9　无彩色

有彩色是有纯度的色，是光谱中的所有色彩，是由红、橙、黄、绿、蓝、靛、紫和黑、白、灰不等量混合后调配出的无数种色彩，如图 2.1.10 所示。

图 2.1.10　有彩色

任务二　色彩的秩序构成

一、色彩的三要素

色彩的三要素是色相、明度和纯度。

（一）色相

色相即色彩的相貌,是色彩的首要特征,是区别不同色彩的最准确的标准,如图 2.2.1 所示。事实上,任何黑、白、灰以外的颜色都有色相。色相是由原色、间色和复色构成的。

| 大红 | 红橙 | 黄橙 | 黄绿 | 蓝绿 | 蓝紫 | 红紫 |

图 2.2.1　色相

（二）明度

明度是指色彩的明亮程度,如图 2.2.2 所示。明度最高的颜色是白色,明度最低的颜色是黑色。要提高明度可添加白色,要降低明度可添加黑色。

图 2.2.2　明度

（三）纯度

纯度是指色彩的纯净程度,如图 2.2.3 所示。纯度还有色彩的艳度、浓度、饱和度等称呼。任何一个色彩添加其他有彩色或无彩色都会降低纯度。混入其他颜色越多,色彩的纯度越低。

图 2.2.3　纯度

二、色彩推移

色彩推移是指色彩按照一定的规律进行渐变,通过有规律、有联系的变化来获得一种运动感。色彩推移是一种有秩序的构成形式。一般来说,色彩推移有色相推移、明度推移、纯度推移、综合推移等形式。色彩推移的特点是具有强烈的运动感、节奏感和装饰性,有时还会产生丰富的空间变化。

（一）色相推移

色相推移指将色彩按色相环的顺序,由冷到暖或由暖到冷进行渐变排列,如图2.2.4所示。按照光谱色波长顺序构成的色相推移,不管由多少色阶组成,都称为"全色相推移"。为了使画面丰富多彩,色彩亦可选用含白色或浅灰色的色相环。自然现象中的彩虹就是一组色相推移的序列,具有美观悦目的色彩效果。

色相推移可以使用2~3个纯色进行重复,两个纯色中间可以加一个过渡的颜色,使推移更流畅、自然。色相推移能产生热烈、明快、活泼的画面效果。

（二）明度推移

明度推移是指把一种颜色加白、加黑等形成不同明度的系列色彩,如图2.2.5所示。明度推移是由浅到深或由深到浅进行排列、组合的一种渐变形式。明度推移能产生明显的空间深度和光影幻觉。

任选一种纯色,如果所选纯色明度低,可以与白色相混;如果所选纯色明度高,可以与黑色相混。以纯色明度为基准向亮色发展加白色,向暗色发展加黑色,可以构成以明度为主的序列。

图 2.2.4　色相推移

图 2.2.5　明度推移

（三）纯度推移

纯度推移是一种色彩由纯色向无彩色渐变的构成形式,如图 2.2.6 所示。

任选一种纯色和一个与之不同明度的灰色混合,根据纯度高低不同按次序填在设计好的图形上,可以构成纯度推移的作品。

（四）综合推移

综合推移是将色相推移、明度推移和纯度推移三种推移方式置于一个画面中的构成设计,具有较强的综合性,如图 2.2.7 所示。综合推移的实用性很强,用于各种色彩设计之中。

图 2.2.6　纯度推移

图 2.2.7　综合推移

任务三　色彩的混合

一、色彩的混合

两种或两种以上的颜色混合在一起,形成不同于原来颜色的新颜色称为色彩的混合。

我们对颜料的混合比较熟悉。黄色与红色混合可得到橙色,黄色与蓝色混合可得到绿色。色光的混合比较难理解。初学者往往将色光的混合与颜料的混合混淆。其实,颜料的混合、色光的混合以及色彩远距离空间混合的效果不同,混合规律也不一样。

（一）物理混合

色彩在视觉外混合,然后进入视觉称为物理混合。物理混合包括两种情况,一种是加法混合,另一种是减法混合。加法混合也称为色光的混合,即将不同的色光混合到一起,产生新的色光,如图 2.3.1 所示。加法混合的特点是将相混合的色光的明度相加,光的亮度提高,总亮度等于各色光的亮度之和。例如,一间屋里有红色灯光(50 W),绿色灯光(50 W),同时照射的亮度就是 100 W 的亮度。

减法混合指颜料的混合,即将不同的颜色混合到一起,可以得到新的颜色,如图 2.3.2 所示。颜料的混合是明度降低的减光现象,所以叫负混合或减法混合。减法混合的特点是混合的颜色越多或混合的次数越多,得到的颜色就越灰暗。

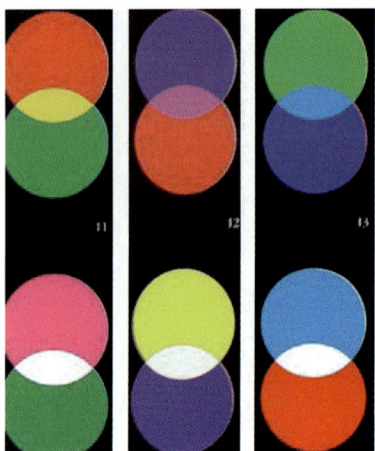

图 2.3.1　加法混合

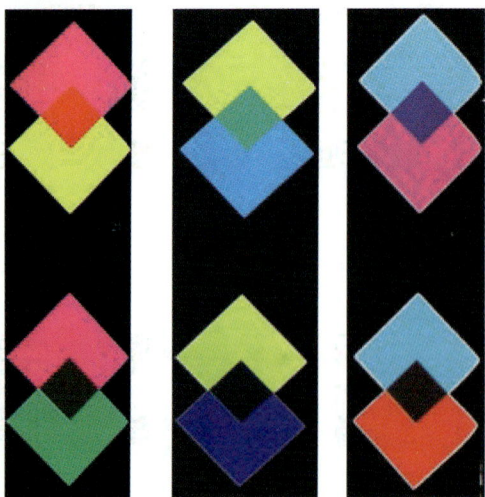

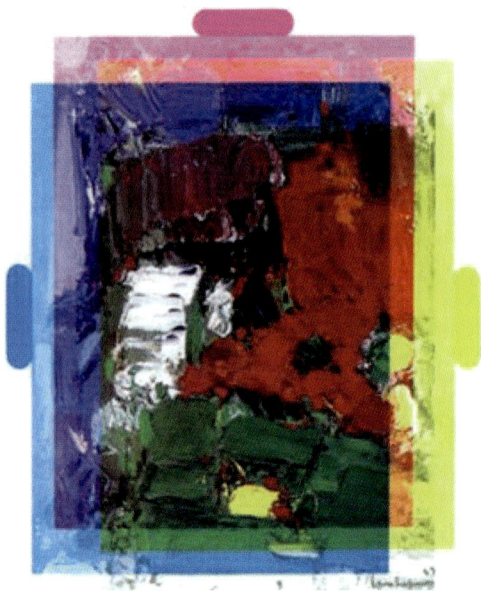

图 2.3.2　减法混合

（二）中性混合

中性混合包括旋转混合和空间混合。

旋转混合是将色彩等面积涂于色盘上，利用机械力量使其转动，将色彩混合，产生新色彩，也称为色盘旋转混合法，如图 2.3.3 所示。

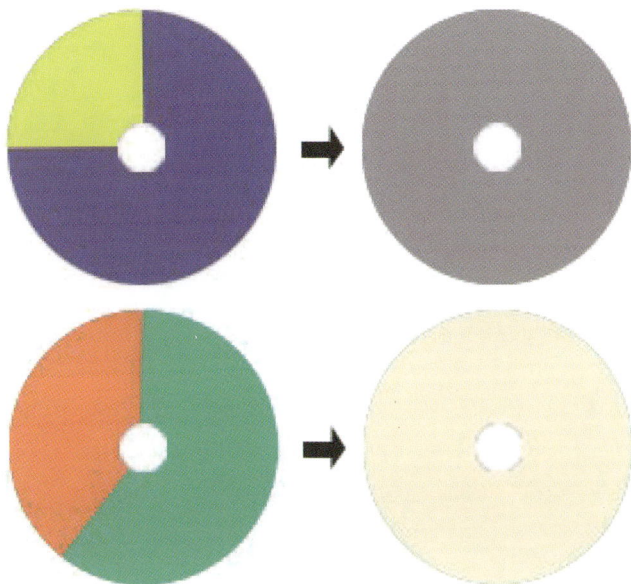

图 2.3.3　旋转混合

空间混合是将不同的色彩并置，使人在一定范围之外观看时看到新色彩。空间混合是利用视觉与空间的变化混合色彩的方法，简称空混，如图 2.3.4 所示。

空间混合有以下几个特点。近看的时候，空间混合的颜色是非常丰富的；远看的时候，色调非常统一。空间混合的色彩有颤动感、闪烁感，适用于表现光感。空间混合的笔触与排列密切相关。

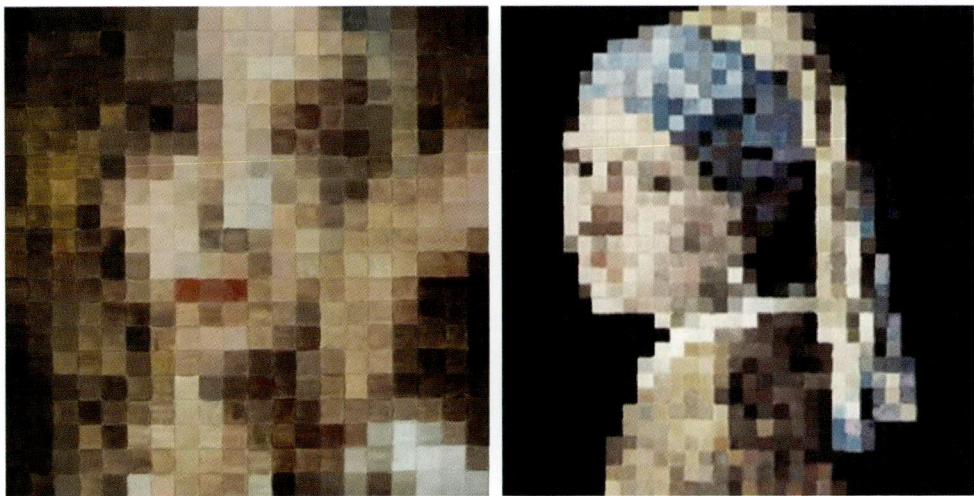

图 2.3.4　空间混合

印象派画家莫奈的作品《日出·印象》（见图2.3.5）在近看的时候，笔触非常粗犷、有力；在远看的时候，画面非常和谐、光影效果非常突出。这个作品就是利用空间混合的原理来完成的。印象派的名称由此而来。

图2.3.5 莫奈《日出·印象》

二、色彩透叠

"叠"就是两种或者多种形状叠加，是形与形的重叠。颜色的叠加称为色彩透叠。

（一）减光透叠

减光透叠是将透叠的两种颜色调和，使相叠部分的颜色是相叠两色按一定比例混合而成的新色，纯度降低，画面色彩协调统一、层次分明、真实，如图2.3.6所示。

图2.3.6 减光透叠

（二）骨格透叠

骨格透叠是指两种颜色相叠时,相叠部分的颜色不一定是两种颜色调和的结果,可以任意选用第三色。骨格透叠只是利用透叠的骨格形式形成一种平面装饰效果,使画面颜色鲜艳、丰富、装饰性强,如图 2.3.7 所示。

图 2.3.7　骨格混合

任务四　色彩的对比

一、色相对比

因为色相不同形成的色彩对比叫色相对比。在色相环中,不超过 15° 的相邻色相的对比叫作同类色对比,相距 120° 的色相的对比叫作对比色对比,相距 180° 的色相的对比叫作互补色对比。

（一）同类色对比

对比的两色相在色相环上形成的角度为 15° 时的对比效果,是色相的弱对比。同类色对比的特点就是调式统一、色相差别极小,是色彩搭配中非常安全的一种搭配方法,如图 2.4.1 所示。

（二）对比色对比

对比的两色相在色相环上形成的角度为 120° 时的对比效果是色相对比中最强烈的对比。对比色对比具有一种很强烈的冲突感,如图 2.4.2 所示。因此,在配色时最好以一种颜色为主色,其他颜色做衬托。

图 2.4.1　同类色对比

图 2.4.2　对比色对比

（三）互补色对比

色相环上角度为 180° 时两端颜色的对比效果，是一种特殊的对比。互补色有非常强烈的对比度，在颜色饱和度很高的情况下，可以创造很多十分震撼的视觉效果，如图 2.4.3 所示。

图 2.4.3　互补色对比

（四）分裂补色对比

如果我们同时用互补色对比和同类色对比的方法来确定颜色的关系,这种颜色关系称为分裂补色对比。这种颜色关系,既具有同类色低对比度的美感,又具有互补色的力量感,是一种既和谐又有重点的颜色关系(见图 2.4.4)。

也就是说,我们要在整个的画面中找两个相近的颜色,再找一个和它们距离较远的颜色作为点缀,既和谐,又冲突,是一种非常好看的色彩搭配效果。

图 2.4.4　分裂补色对比

二、明度对比与明度基调

由明度差别形成的色彩对比称为明度对比,如图 2.4.5 所示。明度是黑色与白色之间有序的、同步度的移动和渐变,有九级,如图 2.4.6 所示。若干个黑、白、灰明度色阶进行搭配便会产生明度对比的强弱、鲜明、沉闷等许多不同的变化和感觉。

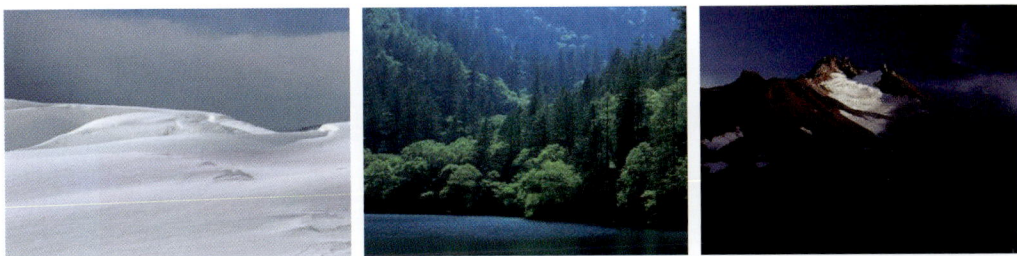

图 2.4.5　明度对比

色阶级差在 3 级以内时,两色的对比是短线对比。色阶级差在 3 级以上、7 级以下时,两色的对比是中线对比。色阶级差在 7 级以上时,两色的对比是长线对比。表示两色对比间隔的色阶的数量的线叫作对比线。对比线越长,对比越强;对比线越短,对比越弱。

图 2.4.7 为明度基调。高明度给人清楚、明亮、轻巧、寒冷、柔软的感觉;中明度给人柔和、梦幻、甜美、稳定的感觉;低明度给人沉稳、厚重、坚硬、钝浊的感觉。

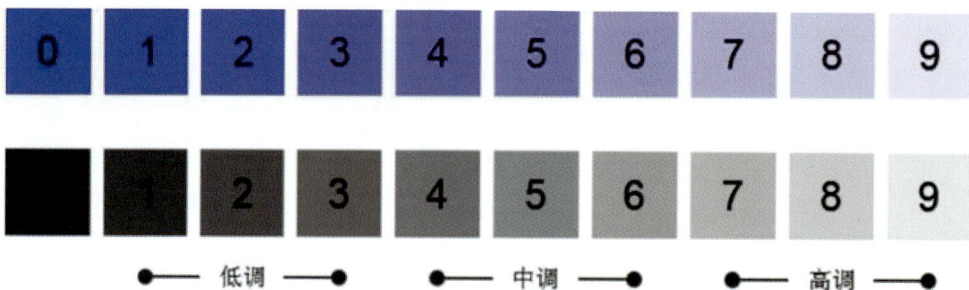

图 2.4.6　九级明度色标

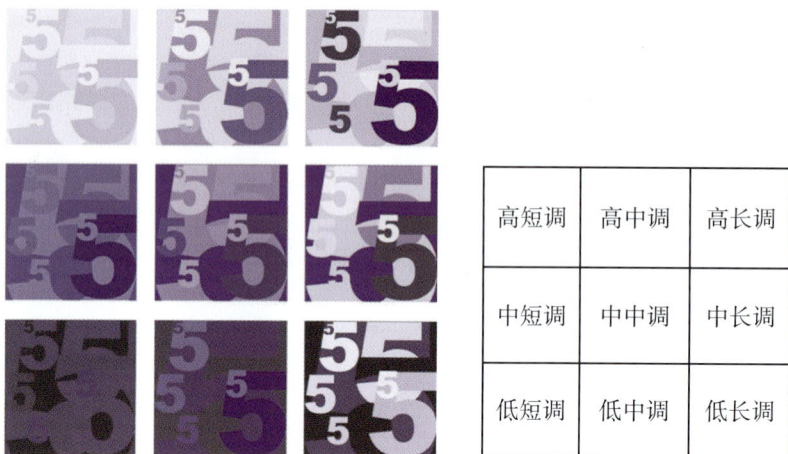

高短调	高中调	高长调
中短调	中中调	中长调
低短调	低中调	低长调

图 2.4.7　明度基调

三、纯度对比与纯度基调

纯度对比是色彩纯度的差异形成的对比，即饱和的颜色与浊色之间有序的、同步度的往复。纯度基调如图 2.4.8 所示。

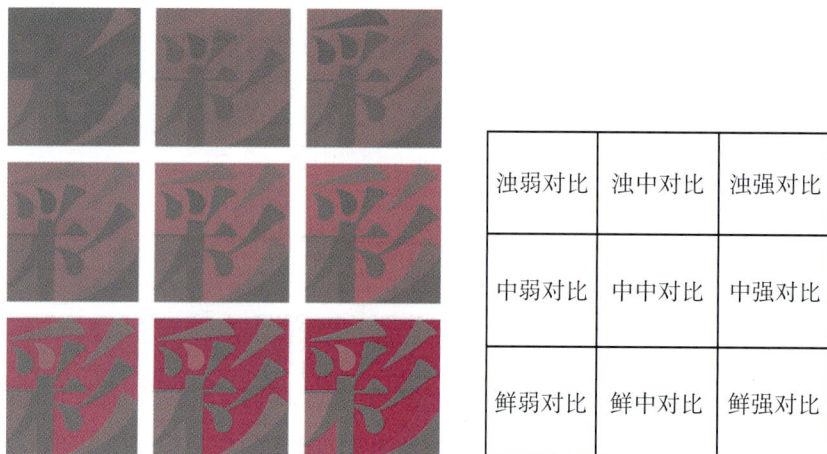

浊弱对比	浊中对比	浊强对比
中弱对比	中中对比	中强对比
鲜弱对比	鲜中对比	鲜强对比

图 2.4.8　纯度基调

任务五　色彩的感知

一、颜色的性格

研究表明,人在观察物体时,最初的 20 s 内,色彩感觉占 80%,形体感觉占 20%;2 min 后,色彩感觉占 50%~60%;5 min 后,色彩感觉占 5%,并且这种状态将继续保持。可见,色彩给人的印象是迅速、深刻、持久的。

接下来,我们来看看不同的颜色呈现的性格特征。

（一）红色

在可见光谱中,红光的波长最长,给人一种迫近感和扩张感。红色具有刺激性,给人一种活泼、生动和不安的感觉。红色包含一种力量,表现方向感和冲动。许多企业都以红色为标准色,以表达视觉上的冲击力。

红色容易造成心理压力,因此谈判或者协商时最好不要穿红色;预期有火爆场面时,也应避免穿红色。不过,如果想要在大型场合中展现自信与权威,可以让红色单品助你一臂之力,如口红或红色的领带等。

红色还象征热情、性感、权威、自信,是个能量充沛的色彩,如图 2.5.1 所示。在中国,红色象征着喜庆、幸福、节日、革命,是中国人非常喜欢的吉祥的色彩。

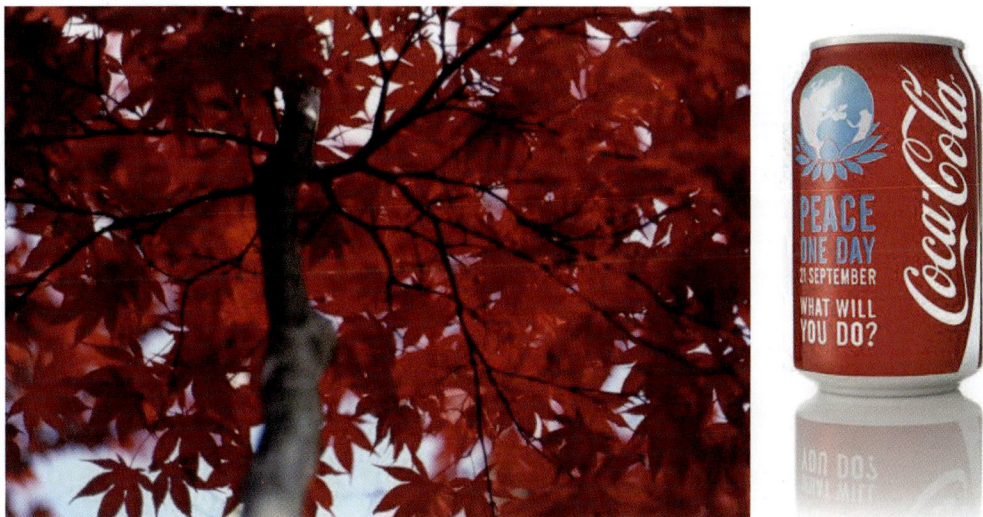

图 2.5.1　红色

（二）绿色

绿色是代表和平与自然的颜色,具有镇静效果和镇痛效果,象征安定、稳定,如图 2.5.2 所示。但是,容易感到孤独和总在担心的人有讨厌绿色的倾向,这是因为绿色容易使人感觉更加孤独。

图 2.5.2　绿色

（三）黄色

黄色是色彩中最亮的颜色,如图 2.5.3 所示。黄色是象征快乐、兴奋的色彩。黄色代表愉悦、智慧、明白事理及有直觉。黄色的明度极高,能刺激大脑中与焦虑有关的神经,可以唤起人的危机意识,具有警告效果。黄色可以很好地反射光线,保证温度不会太高,防止中暑和其他疾病的发生,能保护头部的暴晒。安全帽也大多为黄色。

图 2.5.3　黄色

（四）蓝色

蓝色具有消极性,易使人想到蓝天、海洋、远山、严寒,使人具有崇高、深远、透明、沉静、凉爽的感觉。

蓝色具有镇静效果,可以使心安定。蓝色不仅可以稳定人的精神状态,还可以起到降低血压、平稳呼吸、使肌肉放松的效果。总之,蓝色可以让人摆脱紧张不安的状态。如果感到紧张,不妨多看一看蓝色。

蓝色是象征现代科学以及智慧和力量的色彩,给人高深莫测的感觉。高科技企业一般多用蓝色象征技术力量,如图 2.5.4 所示。

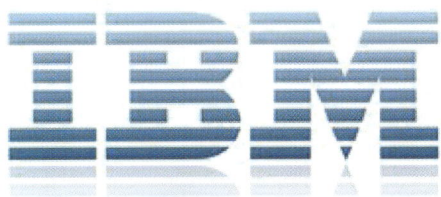

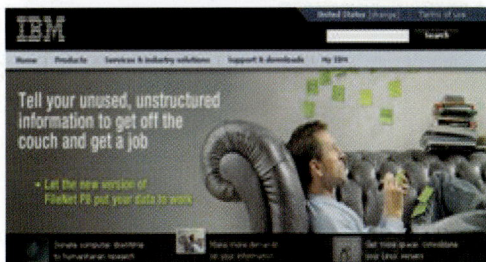

图 2.5.4　蓝色

二、色彩的冷暖

（一）色彩冷暖的感觉与色彩三要素

在大自然中,太阳、炉火、火炬、烧红的铁块等让人感觉温暖的事物的颜色大多为红色或橙色,大海、蓝天、远山、雪地等让人感觉寒冷的事物的颜色大多为蓝色。所以,在色彩中,橙色最暖,蓝色最冷。因此,影响色彩冷暖感的第一个因素就是色相。除了色相,色彩冷暖与明度、纯度也有关系。

色彩的冷暖受明度的影响表现为白色反射光,让人感觉冷;黑色吸收光,让人感觉暖;灰色让人感觉不冷不暖。

色彩的冷暖还与其纯度有关。在高纯度色彩的影响下,色彩的冷暖感觉会得到增强。冷色会显得更冷,暖色会显得更暖。纯度降低时,色彩的冷暖感觉会减弱。

（二）色彩冷暖的心理感受

冷色给人的感觉是退远、寒冷、稀薄、透明、湿润,暖色给人的感觉是温暖、厚重、不透明、干燥、迫近,如图 2.5.5 所示。

图 2.5.5   色彩的冷暖感觉

三、色彩的知觉

（一）色彩的轻重感

色彩的轻重感主要由明度决定。浅色具有轻盈的感觉,深色具有重量感,如图 2.5.6 所示。因此,想要色调变轻,可以提高明度。色彩的轻重感还与纯度有关:暖色具有轻感,冷色具有重感;纯度高的亮色有轻感,纯度低的灰色有重感。

图 2.5.6   色彩的轻重感

（二）色彩的膨胀感与收缩感

以法国国旗（见图 2.5.7）为例,在视觉上,三个颜色条是等宽的,但是在实际的制作中,宽度不能完全相等。因为这三个颜色有的有膨胀感,显得宽;有的有收缩感,显得窄。只有红、白、蓝三个颜色条的宽度比为 35∶33∶37,这三个颜色条在视觉上才有相等的宽度。

图 2.5.7　法国国旗

（三）色彩的积极性和消极性感觉

颜色纯度越高,越有积极的感觉;颜色纯度越低,越有消极的感觉。以餐具为例,使用中式冷色调的青花纹装饰的餐具,会使客人进食速度缓慢,导致剩下的食物较多。使用暖色调的咖啡色作为装饰的餐具,会使客人进食速度变快,导致剩下的食物较少。从纯度方面看,高纯度的色彩比低纯度的色彩对人的视觉冲击力强。高纯度的色彩显得积极;低纯度的色彩显得消极。从明度方面看,高明度的色彩比低明度的色彩的冲击力强。高明度的色彩显得积极,低明度的色彩显得消极。

（四）色彩的新旧感觉

嫩黄绿色给人新鲜的感觉,让人想到植物在春天刚破鞘的嫩芽,褐色、旧木黄色与古铜色都给人古旧的感觉,如图 2.5.8 所示。

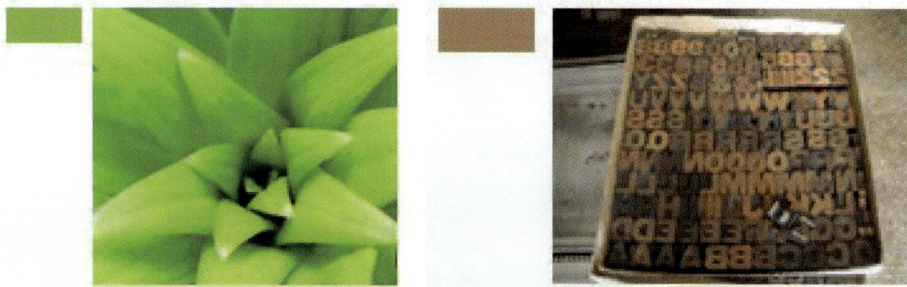

图 2.5.8　色彩的新旧感觉

（五）色彩的听觉感受

听觉与视觉的共感性产生的经验对人的心理作用,形成了一种听觉与视觉互感效应,即听到一个声音就会产生相应的一个颜色感觉,看到一种颜色便会感觉到一个与之共感的声音。这种互感效应产生的人对色彩的感受,称为色彩听觉。

（六）色彩的味觉感受

色彩的味觉感受是色彩信息在引起视觉感受的同时引起的一种味觉的共感觉,如图 2.5.9 所示。它是物体色与视觉经验共同形成的色彩味觉作用于人心理的结果。例如,桃子是粉红色的,桃子是甜的,所以粉红色的味觉是甜的。

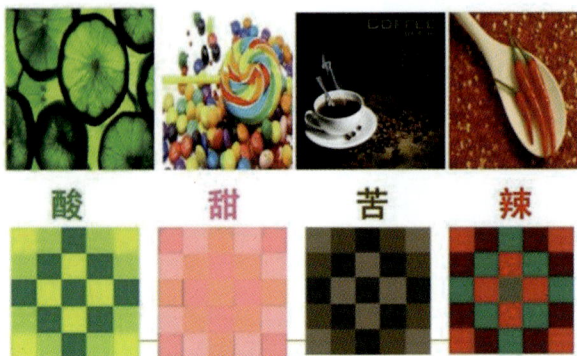

图 2.5.9　色彩的味觉感受

在说到色彩的味觉感受的时候,我们不能不提到"食欲色"和"败味色"。能激发食欲的色彩源于美味食物(如熟透的红葡萄,新鲜的橙子、柠檬等)的外表印象,食用色素大多属这类色彩。用这样的颜色去进行与食品有关的设计,往往能够激发消费者的购买欲望。与食欲色相反,败味色为常与变质腐烂事物及污物的外观印象联系的各种灰调的低纯度色,如灰绿色、黄灰色、紫灰色等。

（七）色彩的听觉感受

表现安静、兴奋、愉快、孤独等心情时用的颜色是不一样的,如图 2.5.10 所示。

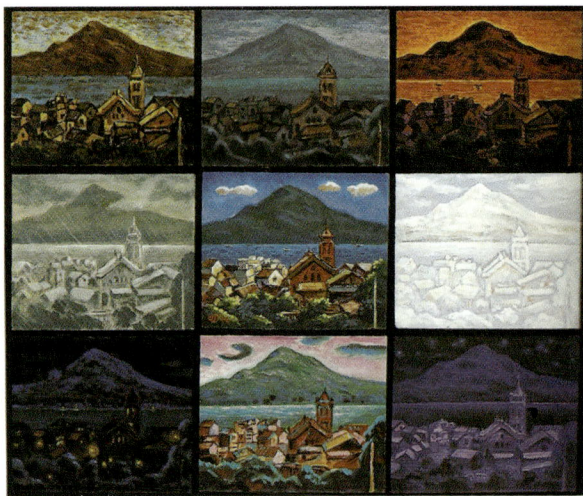

图 2.5.10　色彩与心情

📖 |思考练习|

1. 简述色彩的组成。

2. 观看一部电影或欣赏一幅美术作品,说说作品中有哪些色彩对比。

3. 对味觉展开联想,说说酸、甜、苦、辣分别能够联想到哪些颜色。

San Da Goucheng

（Huoyeshi Jiaocai）

项目三

立体构成

教学要求

　　了解立体构成的基础知识,掌握立体构成的观念、基本原则和形式,引导读者将立体构成的观念、方法运用到专业设计当中,激发读者的创意灵感,提高读者的创新能力与现代审美能力。

能力目标

　　1.能运用立体构成的设计原理进行空间设计;

　　2.具有综合应用的设计表现能力,具有初步分析、评价优秀立体设计作品的能力;

　　3.能灵活运用点、线、面、体等设计元素;

　　4.通过学习形式美法则,提高立体艺术处理能力。

知识目标

　　1.了解立体构成的起源与发展;

　　2.掌握形式美法则;

　　3.理解点、线、面、体等基本元素及其在三维空间中的关系;

　　4.掌握主要立体构成组织形式和设计原则。

素质目标

　　1.培养创意能力、设计能力、审美能力;

　　2.具备专业知识的理解能力;

　　3.具备动手操作能力、表达展示能力。

任务一　立体构成的基本概念

一、立体构成的概念

　　请大家观察图 3.1.1 所示的图片,说说它们的特点。

　　从图 3.1.1 可以看出,立体构成是通过几何形状的组合与构造来形成的。立体构成的特点是具有三维形状,通过不同的平面组合在一起,形成具有空间感的结构。这种构成方法可以帮助人们更好地理解物体在空间中的形态和结构关系。

图 3.1.1　一组有特点的立体构成图片

从图 3.1.1 还可以看出,立体构成不局限于简单的几何形状,还可以通过复杂的多面体结构来表现更具象的物体,如恐龙、玩具熊以及卡通人物。这些形象的共同点在于,它们都是通过将平面的几何形状精巧地组合和转化为三维形态来实现的。这些例子展示了立体构成在设计和创意中的广泛应用,它能够将二维的设计思想转化为具体的立体物品,从而使这些物品更具表现力和实用性。这种构成方法不仅增强了物体的视觉冲击力,也为现实生活中的物品设计提供了丰富的可能性。

什么是立体构成?立体构成是一种将二维形态转化为三维形态的设计方法。它通过几何形状的组合与构造,创造出具有空间感的立体结构。立体构成不仅可以表现简单的几何图形,还可以塑造复杂、有机的物体形态,如动物、卡通人物等。通过这个方法,人们能将抽象的设计理念转化为具体、有实用价值的立体物品,增强表现力和视觉冲击力。立体构成广泛应用于艺术、设计和日常生活。

二、立体构成的概念

（一）立体构成

立体构成是运用组合、拼装、构造等手法，创造一个三维形态的过程，如图 3.1.2 所示。这个过程不仅涉及形状的构建，还涉及结构的稳定性和空间的占据。立体构成通过细致的几何设计和理性的结构安排，使复杂的三维形态既具备美感，又具备实用性。这种创作方法结合了感性的直觉创作与理性的逻辑构造，是实现艺术与功能相结合的关键。

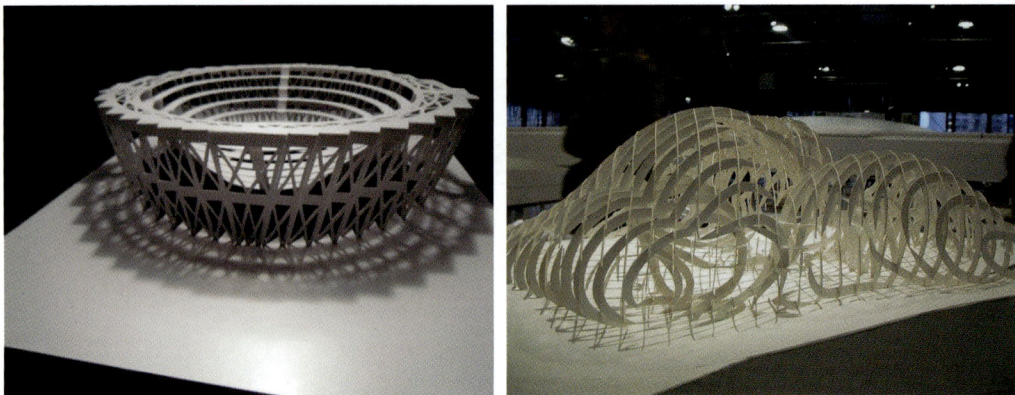

图 3.1.2　建筑模型三维形态

（二）立体构成的含义

立体构成是通过抽象形式语言来表达创意的艺术。它强调通过几何形块的组合来塑造立体造型，以点、线、面为基本元素构建具有表现力和艺术价值的形象。在这个过程中，设计师不仅要考虑形状的设计，还要运用多种材料进行精细的加工和组合，最终呈现出独特的立体作品，如图 3.1.3 所示。

图 3.1.3　木质材料构成的立体结构

在立体构成的创作中,造型的审美不局限于视觉的美感,还包括对空间、质感、光影等因素的综合考虑。通过对形体的探索和创新,艺术家不仅是在制作一个物体,更是在传递一种观念、表达一种思想。这种创作过程从单纯的形态美逐渐延展到更深层次的理念表达,体现了艺术与观念的融合,使立体构成不仅是视觉的享受,更是精神层面的探索与表达。

（三）平面构成与立体构成的区别

平面构成是在平面上创造虚幻三维空间,如图 3.1.4 所示;立体构成是多角度构成,综合形态构架美和形态存在性,如图 3.1.5 所示。平面构成侧重视觉效果,追求意义上的传达与效果表现;立体构成不仅注重视觉美感,还要注重形态与材料、结构与工艺的适应性。

图 3.1.4　二维画展示三维空间　　　　图 3.1.5　三维空间设计

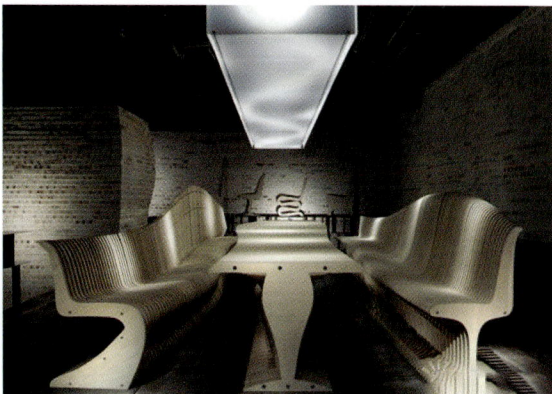

平面构成就像在一张纸上画画,通过图形、颜色和线条在二维的空间里创造出一种视觉上的深度和效果。它更注重的是怎么让图案看起来有层次感,让观众在看到画面时,产生一种立体的错觉或者感受,从而传达特定的情感或意义。

立体构成(如建筑、空间设计、雕塑)要在实际的空间中设计和组合不同的形状,形成一个多角度的立体物体。设计师不仅要考虑作品看上去的美感,还要关注材料的特性,以及它们之间如何结合、是否牢固、是否能够实现想要的造型。所以,立体构成不仅是视觉的享受,更是一种对形态、结构和工艺的全面考量。简单来说,平面构成更多是在"纸上谈兵",而立体构成是要"动手造物",两者虽然都有视觉的追求,但一个是虚拟的空间表达,另一个是实实在在的空间构建。

三、立体构成的三个条件

（一）视觉基本特性（关系因素心理、文化背景）

当我们谈到视觉基本特性时,其实是在讨论人们如何通过眼睛和大脑去感知世界,这种感知不仅是简单的"看见",还受到心理和文化背景的影响。举个例子,当你看到一组颜色搭配在一起时,你的眼睛会第一时间做出反应,但接下来,你的大脑会根据你以前的经验、情感以及文化习惯来解释这些颜色的组合,这就是关系因素。同样的一种颜色,在不同文化背景下可能有完全不同的意义。红色在中国象征喜庆。在周代,王室开始用红色绸幔作为宫中装饰,如皇宫的帷幔、墙壁。在明清时期,北京的故宫就是最典型的红墙黄瓦建筑,如图 3.1.6 所示。在明朝的时候,人们开始把红色和生命延续联系起来,认为红色的数量越多、面积越大,生命力越旺。男女确定婚姻的关系后,互送的信物或者婚约叫作传红。介绍男女相识称为牵红线。结婚时要有红嫁衣、红盖头、红灯笼等,如图 3.1.7 所示。现在大多数有关红色的民俗,也是在明朝逐渐形成的。在其他国家,红色可能意味着危险。

图 3.1.6　最美中国红,故宫红墙黄瓦建筑　　　　图 3.1.7　喜庆的婚礼用红色

在进行立体构成设计时,这种视觉的特性就显得尤为重要。第一,创作者需要考虑观众的心理反应,设计出的形状和颜色搭配要能引起预期的情感共鸣。第二,文化背景的不同也要求设计有针对性,如为不同的文化群体设计时要考虑他们的审美习惯和偏好。立体构成的条件之一就是充分利用这些视觉特性,使作品不仅在形式上引人注目,还能在心理层面和文化背景上与观众产生共鸣。设计师在设计时既要关注形态美感,又要考虑背后的心理和文化因素,这样才能创作出既美观又有深度的立体作品。

（二）环境条件（必要因素光线、色彩）

当我们谈到立体构成中的环境条件时,光线和色彩是两个不可或缺的因素,它们在很大程度上决定了作品最终的呈现效果。

首先,我们说说光线。在一个立体作品中,光线的作用远不止照亮物体那么简单。光线可以创造出不同的阴影效果,让作品看起来更具深度和立体感。当光线从不同的角度照射时,物体的形态、质感、甚至颜色都会发生微妙的变化。因此,在设计和展示立体作品时,设计师必须考虑到光源的方向、强度以及环境光的反射,这样才能让作品在不同光照条件下保持理想的视觉效果。

接着,我们来谈色彩。色彩不仅影响观众的情感反应,还会因为光线的变化而呈现出不同的效果。举个例子,一块蓝色的材料在白天自然光下看起来可能显得清新明亮,但在黄昏的暖色光照下,可能会变得更加柔和温暖。因此,在立体构成中,设计师要考虑色彩在不同光线条件下的表现,从而选择适合的材料和颜色组合,让作品在各种环境中都能展现其独特的魅力。

所以,光线和色彩是立体构成中的关键环境因素。想让作品在现实环境中展现最佳状态,设计师要精心考虑这些因素的相互作用,确保作品在不同条件下都能以最佳的形式展现出来。

（三）形态本身（对象物——条件因素）

在立体构成中,形态本身是作品的核心,它决定了观众最初的视觉体验。形态可以分为自然形态、具象形态和抽象形态,如图 3.1.8 至图 3.1.10 所示。每种形态都有其独特的条件因素,影响着作品的表现力和观众的感受,如图 3.1.11 所示。

图 3.1.8　自然形态　　　图 3.1.9　具象形态　　　图 3.1.10　抽象形态

图 3.1.11　三种形态

1. 自然形态

自然形态指的是从自然界中直接获取的形态,如树叶、石头、动物等。它们有着天然的美感和复杂性。设计师在使用自然形态时,通常会尊重其原本的特征,强调其独特的质感和结构,如图 3.1.12 所示。例如,利用树叶的纹理或石头的凹凸感,可以让作品更加接近自然,让观众感受到一种原始的、未经过多加工的美。这种形态的魅力在于它能唤起观众对大自然的亲切感和共鸣。

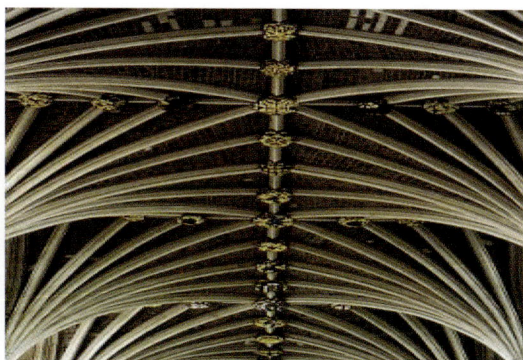

图 3.1.12　自然形态建筑穹顶

2. 具象形态

具象形态是指那些可以让人一眼认出的形态,如人物、动物或建筑物的模型。这种形态的特点在于它的可识别性,能够直接传达特定的情感或信息。例如,如果一个立体作品以人类面部为主题,观众可以立即理解并产生情感共鸣。具象形态在立体构成中往往被用来讲述故事或表达明确的思想,因为它能够以直接的方式吸引观众的注意力。

3.抽象形态

抽象形态更自由，不再直接对应现实中的具体物体，而是通过线条、几何图形或不规则形状来表达某种情感或概念。抽象形态的魅力在于其开放性，使观众可以根据自己的想象和感受解读作品。这种形态允许设计师打破常规，探索新的视觉可能性，创造出独特的视觉体验。抽象形态在立体构成中常常用来引发思考或表现深层次的理念，不受现实形态的束缚，可以更自由地表达创意。

总结来说，形态本身作为立体构成的核心元素，通过自然、具象和抽象的形式，赋予作品不同的情感和意义。每种形态都有独特的表达方式和视觉效果，设计师要根据创作意图选择最合适的形态，以达到最佳的艺术效果。

四、形态的构成元素

（一）点、线、面、体

在立体构成中，形态的构成离不开点、线、面、体这四个基本元素，如图 3.1.13 所示。这些元素就像搭建一座房子的砖瓦，虽然简单，但通过不同的组合和应用，可以创造出丰富多样的视觉效果。

1.点

点是最基本的元素，看似微小，却有着强大的力量。一个点可以吸引注意力，可以作为视觉焦点。比如，在一张空白的纸上，如果只有一个点，人的眼睛自然会被点吸引。点还可以通过数量和排列方式来产生不同的感觉，多个点按规律排列会形成节奏感，打破单调，如图 3.1.14 所示。

2.线

线是由点延展而成的，可以说是点的移动轨迹。线的表现力非常强，不同的线条可以传达出完全不同的情感。比如，平直的线条给人一种稳定、冷静的感觉，弯曲或波浪形的线条显得更加柔和、富有动感。在立体构成中，线可以用来勾勒出形态的轮廓或作为框架连接和支撑起整个结构，如图 3.1.15 所示。

3.面

面是由线构成的平面，可以理解为"扩展的线"。面可以定义空间的范围，如一堵墙就是一个面，可以把空间划分开。面在立体构成中常用于创建大块的视觉区域，提供稳定性和视觉平衡感。多个面组合在一起，可以形成更复杂的形态，甚至通过角度的变化来塑造光影效果，增加立体感，如图 3.1.16 所示。

4.体

体是由多个面围合形成的，是最完整的立体元素。体不仅有长度和宽度，还有厚度。体是立体构成的最终形态，点、线、面可以组合成体。例如，一个立方体就是由六个正方形的面围成的。体能够占据空间，可以通过材料和光线的变化展示不同的视觉效果。

总结来说，点、线、面、体这四个基本元素就像积木一样，通过不同的方式组合在一起，构成了立体作品的形态。每个元素都扮演着不可替代的角色，设计师可以巧妙运用各种元素创造丰富多样的立体艺术作品。

基本特点	平面构成 视觉化	立体构成 视觉与触觉
点	有位置、长度、宽度，无厚度	有位置、长度、宽度和厚度
线	有位置、长度、宽度，无厚度	有位置、长度、宽度和厚度
面	有位置、长度、宽度，无厚度	有位置、长度、宽度和厚度
体	有位置、长度、宽度和虚幻的厚度，是二维的虚幻立体	有位置、长度、宽度、厚度和重心，是三维实体

图 3.1.13　平面构成和立体构成区别

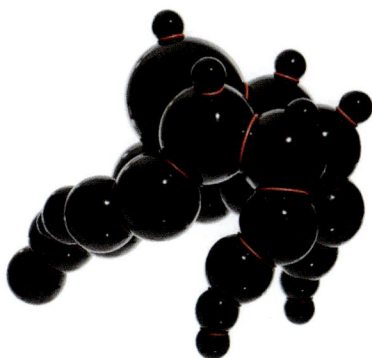

图 3.1.14　点的秩序规则

图 3.1.15　线的秩序排列

图 3.1.16　面的立体结构

（二）点、线、面、体建筑

朗香教堂（见图 3.1.17）是法国著名建筑师勒·柯布西耶设计的现代建筑杰作，它的独特设计充分体现了点、线、面、体这四个基本元素。让我们用通俗易懂的方式来看一下这些元素在朗香教堂中的表现。

图 3.1.17　朗香教堂

1. 点

在朗香教堂的设计中，点可以通过教堂墙壁上那些大小不一的圆形窗户来展示。这些窗户像散落在墙上的点，它们不仅提供了室内的光线，而且打破了墙面的单调，使建筑显得更加生动和富有节奏感。每个窗户都是一个独特的点，组合在一起为教堂增添了独特的视觉效果。

2. 线

朗香教堂的线条主要体现在建筑的轮廓和屋顶的设计上。教堂的外观线条非常流畅。从远处看，屋顶的曲线像波浪一样，轻轻地覆盖在建筑上。这些线条不仅表现了建筑的动感，也引导着参观者的目光，让人感受到建筑的柔美与力量的结合。

3. 面

面在朗香教堂中表现在建筑的墙体和屋顶部分。教堂的墙面是厚实的，呈现出一种坚固的感觉；屋顶的大面积弧形设计给人一种飘浮在空中的轻盈感。这些面不仅构成了教堂的主要视觉元素，还通过不同角度的排列，创造出丰富的光影效果，使建筑在不同的光线下展现出多变的面貌。

4. 体

体是朗香教堂最显著的特征，整个建筑就是一个独特的立体形态。朗香教堂不像传统教堂那样对称和规整，而是采用了不规则的、有机的体块设计。这个独特的体量感让朗香教堂在周围的环境中显得格外引人注目，给人一种现代感和超越时空的感觉。朗香教堂的体块设计不仅是为了美观，还考虑了内部空间的功能性和光线的引入。

朗香教堂通过点、线、面、体的巧妙结合，创造了一个独一无二的建筑。点在窗户中体现，线条描绘了建筑的轮廓,面构成了教堂的外墙和屋顶,体是整个建筑的立体形态。这些元素的组合不仅使建筑本身充满艺术感,还赋予了它独特的精神内涵和功能性。通过这些设计手法,勒·柯布西耶成功地打造了一座既现代又充满宗教氛围的教堂。

📖 |思考练习|

1. 立体构成与平面构成的区别是什么?

思考:在构成设计中,立体构成与平面构成在形式、表达手段以及应用场景上有何不同? 立体构成如何通过空间、体积等要素来传达设计理念?

2. 立体构成在现代艺术和设计中的作用有哪些?

思考:在当代艺术、建筑、工业设计等领域中,立体构成是如何被运用的? 通过具体案例分析,探讨立体构成对空间感、材质和结构表达的影响。

3. 如何利用材料的特性来增强立体构成的表达效果?

思考:不同材料(如木材、金属、塑料等)在立体构成中会带来怎样的视觉和触觉效果? 如何根据材料的物理特性选择合适的构成方式,从而提升作品的表现力?

任务二　半立体构成

一、半立体构成的概念

半立体构成是介于平面构成和立体构成之间的一种设计方式。半立体构成不像平面构成那样完全平坦,也不像立体构成那样有完整的三维空间,而是在平面构成的基础上增加了一些具有厚度和层次感的元素,形成部分立体的效果,如图 3.2.1 所示。

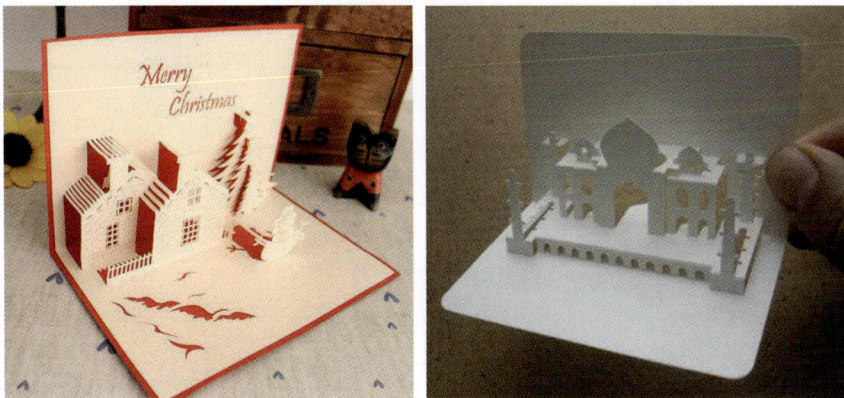

图 3.2.1　半立体构成贺卡

可以看出，一张普通的贺卡在打开时，里面会有一些纸片弹起，形成小房子、花朵或其他图案的立体形状。这些立体元素从卡片的平面上"站起来"，虽然没有完全脱离平面，但增加了厚度和层次感，这就是一种半立体构成的表现。通过这种设计，贺卡变得更有趣味和视觉冲击力。半立体构成是通过几何形状的组合与构造形成的。半立体构成的特点是它们具有三维形状，通过不同的平面组合在一起，形成具有空间感的结构。这种构成方法可以帮助人们更好地理解物体在空间中的形态和结构关系。

二、半立体构成作品

半立体构成是指通过简单的折叠或卷曲等技巧，让平面纸张在不切割的情况下，形成有深度和层次感的作品。

（一）不切多折

不切多折是一种只进行折叠而不进行任何切割的纸艺设计方法，如图 3.2.2 所示。通过多次折叠，设计师可以在纸张上创造出丰富的立体形状和纹理。纸张保持完整，不会被剪开。设计师可以用折叠方式让纸的一部分高高凸起、另一部分保持平坦。这样，纸张的表面就会产生不同的层次和立体效果，像是在平面上"建造"出了一些立体的小结构。这种方法能让设计师在保留纸张完整性的同时，创造出丰富的视觉效果。

图 3.2.2　不切多折作品

（二）一切多折

一切多折是一种结合了切割和折叠的纸艺设计方法，如图 3.2.3 所示。设计师可以对纸张进行切割，再通过多次折叠，设计出复杂而有层次感的立体效果。例如，设计师可以在一张纸上先切出一些特定的形状或线条（如切出一排树叶的轮廓），然后通过折叠这些切割好的部分使每片树叶从纸面上"立起来"。这样，原本平面的纸张就变成了一个有层次、有立体感的作品，如一棵立体的树。切割能让设计师更灵活地设计出细致的图案，折叠能增加这些图案的立体感。

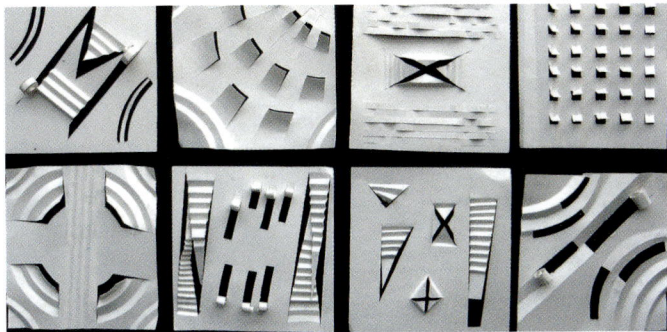

图 3.2.3　一切多折作品

（三）多切多折

多切多折是一种结合多次切割和折叠的纸艺设计方法。通过反复切割和折叠，设计师可以将纸张变成复杂、精致的立体作品，如图 3.2.4 所示。设计师可以在一张纸上进行多次切割，形成多个独立或半独立的部分（如切出一系列花瓣、枝叶或建筑物的轮廓），然后通过多次折叠和调整使这些部分立起来，形成有层次感的立体效果；也可以切割出一朵花的轮廓，并通过折叠让每片花瓣立体地"绽放"；还可以切出一组建筑物，并折叠成一座小镇的立体模型。这种方法可以让作品更加丰富细致，充满立体感和视觉冲击力。

综上所述，不切多折利用折叠创造立体效果，使纸张保持完整；一切多折通过一次切割结合多次折叠，增加立体细节；多切多折则通过多次切割和折叠，形成复杂、精致的立体作品。三者逐步增加设计的灵活性和立体感。

图 3.2.4　多切多折作品

三、半立体构成的制作步骤

半立体构成可以通过刻划、切割、折叠、卷曲等方法实现，包括如何使用刻刀、控制力度以及考虑纸的厚度等因素。

（一）准备材料

选择适合的纸张，建议选择中等厚度的纸张，如 200 克左右的卡纸，如图 3.2.5 所示。太薄的纸容易撕裂，太厚的纸不易操作。工具包括刻刀（美工刀）、剪刀、尺子（见图 3.2.6）、骨刀（用于折叠）、铅笔或其他标记工具、垫板（保护桌面）。

图 3.2.5　卡纸

图 3.2.6　尺子

（二）设计与标记

设计草图，在纸上用铅笔轻轻标记出需要刻、切和折叠的线条，包括需要凸起或凹陷的区域，如图 3.2.7 所示。标记切割线和刻痕线，用不同的线条表示需要完全切断、部分切割（刻痕）或折叠的区域。

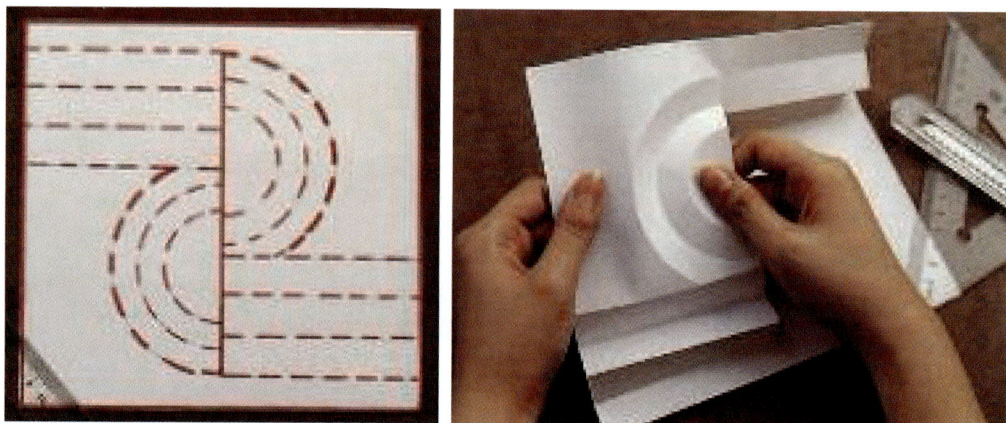

图 3.2.7　设计草图

（三）刻划、切割、折叠、卷曲

用刻刀在纸上轻轻划出刻痕。刻痕的深度很关键，只需要划破纸的表层，不要完全切断。力度控制为中等的力度，刚好划穿纸的表面，太轻无法形成有效的折痕，太重可能会切断纸张。刀片与纸面应保持一个小角度（大约 15°），这样更容易控制力度。刀片应平稳流畅地移动，不要来回移动，以免损坏纸张。

对于需要完全分离的部分，使用刻刀沿设计线条完全切割穿透。力度要加大，但依然要控制，避免过度用力造成纸张不规则撕裂。

使用骨刀或尺子折叠纸张。通过刻痕，纸张会自然地向刻痕方向折叠，形成精准的折线。折叠时应注意方向：根据设计的需求，可以选择向上折叠（凸起）或向下折叠（凹陷）。

对于需要卷曲的部分,可以用铅笔或圆柱形物体辅助,将纸张卷成圆弧形。卷曲过程中可以用手指轻轻施压,控制卷曲的紧度。

(四)调整与定型

完成刻划、切割、折叠、卷曲后,应仔细调整每个部分,使其达到预期的立体效果。设计师可以通过轻微调节折痕和卷曲的弧度,确保作品的整体形态协调美观。设计师应对纸张的边缘和折叠线进行检查,如果有不整齐的部分,可以轻微修剪或再度调整,确保每个立体部分稳定且美观。完成后的半立体构成作品可以展示在平面背景上,利用光影效果增强立体感。

关键点总结如下。

(1)纸张厚度:选择中等厚度(200克左右)的纸张。

(2)刻痕力度:轻至中等力度,仅划破表层,避免完全切断。

(3)切割:需要精准切割的地方,力度要适中且稳。

(4)折叠和卷曲:借助工具和采用适当的手法,确保折痕和卷曲效果自然、立体。

通过这些步骤,设计师可以将一张平面的纸变成具有深度和层次感的半立体构成作品,展示出丰富的视觉效果。

思考练习

1.如何在半立体构成中有效利用光影效果增强视觉表现力?

思考:在设计过程中,如何通过刻划、折叠和卷曲控制光影的形成,从而提升作品的立体感?

2.不同材质的纸张如何影响半立体构成的表现效果?

思考:纸张的厚度、质感和柔韧性如何影响刻痕的深度、折叠的精准度以及整体的立体效果?不同材质在半立体构成中有何优缺点?

3.半立体构成在设计中的应用范围及其优势是什么?

思考:与平面构成和立体构成相比,半立体构成在哪些设计领域具有独特优势?半立体构成如何在表达复杂性和视觉层次感时提供独特的解决方案?

任务三　点的立体构成

一、点构成形式的应用方法分析

在立体构成中,点构成的应用通过将多个点元素立体化排列在空间中,创造出有层次感和立体感的结构。例如,设计师可以利用球体、小块或圆形孔洞等点状物体,通过不同的高度、密度和排列方式形成丰富的空间效果。这种方法可以引导视觉焦点,创造动态感或引发特定的情感体验,使立体作品在空间中更加生动和有表现力。

（一）点构成形式的密集堆砌

在立体构成中,点构成形式的密集堆砌是指通过大量点状元素的密集排列或堆叠,形成一个整体的立体结构。这种方式可以产生强烈的视觉冲击力,并在空间中创造出复杂的纹理和形态。

艺术家安东尼·葛姆雷(Antony Gormley)创作的金属雕塑如图 3.3.1 所示。他常用金属球或方块等点状元素,密集地堆砌出人体或其他形态的雕塑。通过不同大小和位置的金属点,这些雕塑不仅呈现出立体的形状,还在表面上形成了独特的纹理和阴影效果,给人一种既充满实体感又带有空间流动性的感觉。这种密集堆砌的点构成形式,使雕塑展现出不同的视觉层次和艺术表现力。

图 3.3.1　安东尼·葛姆雷创作的金属雕塑

（二）点构成形式的秩序化排列

1. 点构成形式载体的紧密排列

在立体构成中,当许多小的点状元素(如球体或金属块)紧密地排列在一起时,它们组合起来会形成一个整体,给人一种强烈的视觉冲击。这种排列方式让整个结构看起来非常紧凑和有力量,可以吸引观看者的注意力。例如,一个雕塑由许多小钢珠紧密排列组成,每个钢珠之间几乎没有空隙,整体看起来像一个坚固的金属块。这样的排列方式让雕塑在视觉上显得非常密实和有力,给人一种强烈的物质感。

2. 点构成形式载体的松散排列

在立体构成中,点状元素也可以松散地排列,分布在空间中,形成一种轻盈、自由的感觉。每个点之间有较大的距离,让整个作品看起来像散落在空气中,有一种空间感和开放感。例如,一个由小金属球组成的装置艺术中的每个球之间相隔一定距离,悬浮在空中,似乎没有固定的形状。这些金属球看起来像随机分布在空间中,使整个作品显得轻松且富有动态,仿佛这些点状元素正在随着空气流动。点构成形式具有力度感和空间感。

二、点构成设计实例制作解析

乒乓球组合点构成设计如图 3.3.2 所示。解析步骤:①在几何学中点定义为零度空间(或零次元);②需要借助棍棒、线绳、支撑架等物体,实际上就成了点与其他形态的综合构成;③实例中选择乒乓球作为点的材料,只要和空间环境相比足够小就可以认为是点;④点的表现力较弱,因此很少作为主角单独出现。

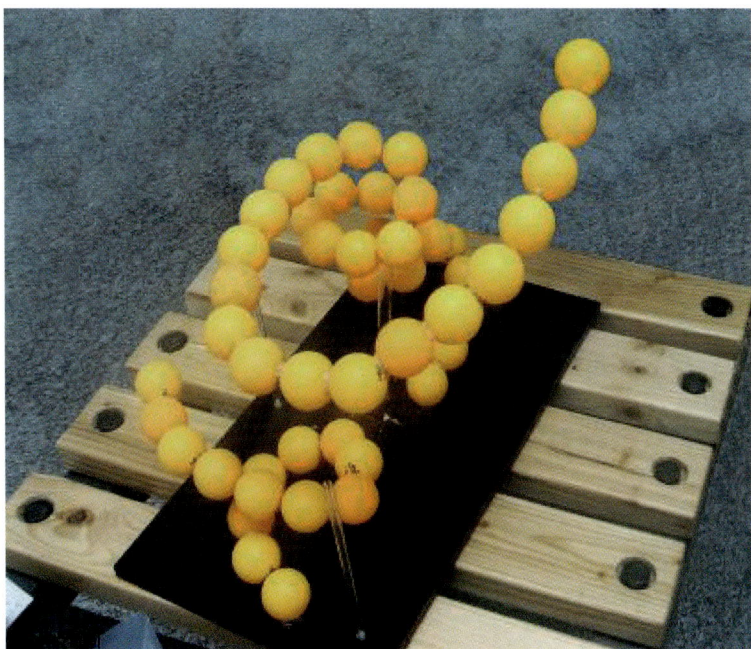

图 3.3.2　乒乓球组合点构成设计

三、点构成形式创作

立体构成中的点构成形式创作是通过将点状元素以不同的排列方式组合在一起,形成具有立体感和空间感的作品。这种创作方法可以运用在雕塑、装置艺术、建筑设计等多个领域,点的排列方式、大小、材质都可以影响作品的最终效果。

(一)草间弥生的"无限镜屋"系列

草间弥生(Yayoi Kusama)是一位著名的日本艺术家,她的"无限镜屋"系列(见图 3.3.3)通过无数点状的光源和镜面反射,创造出一个似乎无边无际的空间。每个点状光源都在空间中重复和扩展,形成一种视觉上的无限延伸。创作形式:在一个小房间的墙壁、天花板和地板上覆盖镜面,并安装许多小灯泡作为点状光源。这些灯泡在镜面反射中形成了无数重复的点,创造出一个看似无穷尽的空间,给人极强的视觉震撼。

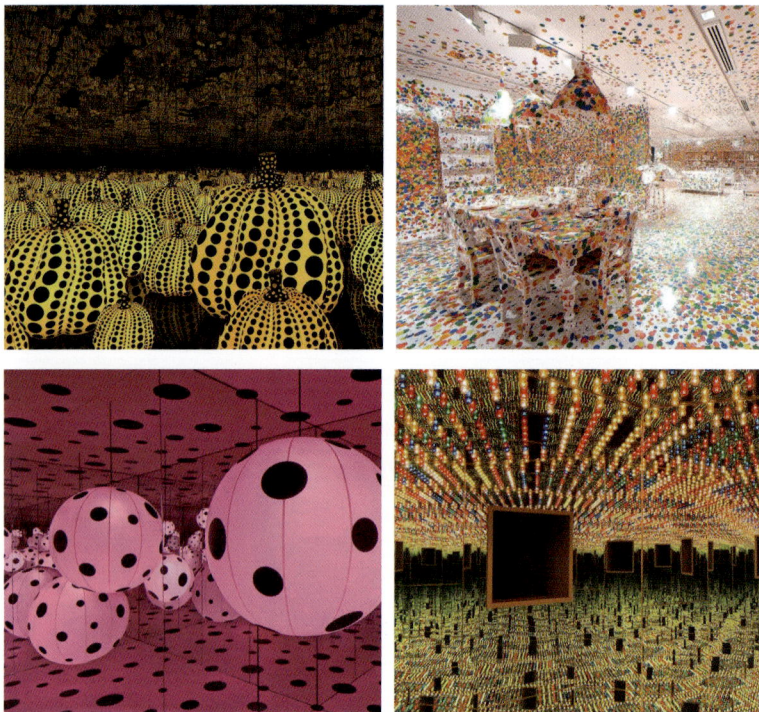

图 3.3.3　草间弥生的"无限镜屋"系列

（二）达米恩·赫斯特的"点画"系列

虽然达米恩·赫斯特(Damien Hirst)的"点画"系列(见图 3.3.4)主要是平面作品,但他的立体装置作品也经常使用点构成形式。他通过对点的排列进行有序和密集的组合,探索了秩序与混乱、科学与艺术的关系。创作形式:在某些立体装置中,达米恩·赫斯特将无数彩色的点状元素(如球体或药丸)在空间中按照特定的规律排列,形成一个整体结构。这种有序的排列使整个作品既充满秩序感,又在细节上有丰富的变化。

图 3.3.4　达米恩·赫斯特的"点画"系列

📖 |思考练习|

1. 如何通过点的材质在立体构成中表达不同的情感或意义？

思考：在立体构成中，点的材质（如金属、陶瓷、木材等）如何影响作品的整体感觉？如何利用这些材质的特点来表达特定的情感或传递特定的概念？

2. 点的密集与松散排列如何影响立体构成作品的空间感与观看者的视觉体验？

思考：在一件立体作品中，点状元素的密集排列与松散排列如何改变作品的空间感？不同的排列方式如何影响观看者的注意力和情感反应？

3. 如何通过动态点构成形式（如移动雕塑）在立体构成中引入时间和动态元素？

思考：在点的立体构成中，如何设计和运用动态元素，使作品不仅在空间上有立体感，还能通过运动引发时间上的变化？这种设计如何影响作品的整体表现力？

任务四　线的立体构成

一、线的立体构成

在立体构成中，线是基本元素之一，能够通过不同的排列和组合方式，形成多样化的空间结构和视觉效果。线具有长度和方向，常用于构建支撑结构、引导视线、划分空间。在日常生活中，我们可以看到许多线的立体构成的实例。

建筑物的天顶，如穹顶、拱顶或网架结构，通常由多条线状的梁柱或钢索组成，如图3.4.1所示。这些线条以特定的几何方式交织或放射，形成一个具有强度和稳定性的空间结构。这种线构成在建筑中不仅起到支撑的作用，还创造了独特的视觉美感。这种结构常见于大型建筑的天花板或屋顶，利用线条的排列方式，不仅可以承受巨大的重量，还能在视觉上引导视线，突出建筑的空间感和设计感。

茶室常见的竹帘通常由多条细长的竹条或藤条平行排列并通过绳子或线条交织固定而成，如图3.4.2所示。这些竹条以规则的间距排列，形成一个既有透气性又能遮挡光线的结构。竹条之间的线条连接不仅保证了竹帘的整体稳定性，而且创造了柔和的光影效果，使光线可以从竹帘的间隙微微透出，营造宁静的氛围。这种竹帘通常悬挂在茶室的窗户或隔间处，当阳光透过竹帘时，会在室内形成独特的光影效果，给人一种安静、悠然的感觉。竹条排列的线性结构不仅美观，而且能有效地调节室内的光线和温度，增强喝茶时的舒适体验。竹帘的使用，充分体现了线构成的功能性与美学性结合的特点。

图 3.4.1　建筑的天顶

图 3.4.2　茶室的竹帘

通过这些例子可以看出，线的立体构成在日常生活中应用广泛。通过不同的排列和组合方式，线可以轻松地构建出多种功能性和美学效果兼备的立体结构。

二、线构成形式的应用方法分析

线构成形式的应用方法通过线条的不同排列、组合和交织方式来创造立体结构和空间效果。设计师可以通过线条的重复、旋转、偏移、疏密变化等手段，或者通过不同材质、粗细的线条组合，来表达多样化的视觉和空间感受。这种方法不仅在功能性结构中应用广泛，而且能为作品增添独特的美学价值和动态感。

（一）同一线构成形式载体的构成方式

线构成形式的空间载体以一种固定的形态存在，并以此为基本单元进行复制，通过形体的偏移、旋转、疏密排列、随机摆放来表达线构成形式在立体构成中的概念。这样的排列方式可以通过重复和变化创造出复杂的视觉效果和空间感。

北京大兴国际机场是扎哈·哈迪德（Zaha Hadid）（见图 3.4.3）和她的团队设计的一个重大项目，如图 3.4.4 所示。线的表现十分突出，成为整个建筑设计的核心元素之一。机场的整体建筑形态由一系列流动的曲线构成，线条从中央向外延展，仿佛水波般在空间中展开。这些线条不仅塑造了建筑的外观，还创造了一个动态且连贯的内部空间，使整个建筑在视觉上显得轻盈和灵动。机场内的线条设计不仅具有美学意义，而且具有强烈的功能性。天花板、地面和墙壁的线条延展形成了自然的导向系统，引导乘客在宽敞的空间中自然地流动。这种设计减少了人流的拥堵，同时为乘客提供了直观的路径指引。机场的屋顶结构由大量放射状的线条支撑，这些线条不仅形成了建筑的骨架，还增强了空间的开放感。通过线条的弯曲和交会，屋顶结构呈现出一种既有力又优雅的视觉效果。线条的重复和延伸,使建筑的每个角落都保持了连贯性和和谐美。

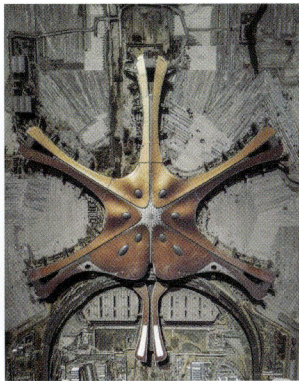

图 3.4.3　扎哈·哈迪德　　　　　　　图 3.4.4　北京大兴国际机场

在北京大兴国际机场的设计中,线不仅是建筑形式的重要组成部分,而且通过动态的特点为乘客提供了一个兼备视觉冲击力和功能性的空间。扎哈·哈迪德和她的团队通过对线条的巧妙运用,成功地将这个现代交通枢纽打造成一个标志性的艺术和工程作品。

(二)不同线构成形式载体的组合方式

不同线构成形式载体的组合方式是指将多种形态、材质、粗细的线条结合在一起,通过它们之间的互动来创造复杂的立体结构和丰富的视觉效果。

弗兰克·盖里(Frank Gehry)(见图 3.4.5)为巴塞罗那的奥林匹克港设计了一座著名的鱼形雕塑(见图 3.4.6)。这座雕塑结合了多种线构成形式,表现了鱼的流动感和轻盈感。雕塑的主体由一个金属框架构成,框架线条粗细不一,勾勒出鱼的基本轮廓和形态。这些粗线条用来构建鱼的骨架,提供结构的支撑。同时,框架上覆盖了大量细密的金属网格,这些细线条交织排列,形成了鱼鳞般的纹理和表面。这种不同线构成形式载体的组合,不仅展示了鱼的形态,还通过光影的变化,表现出鱼鳞在阳光下的闪烁效果。

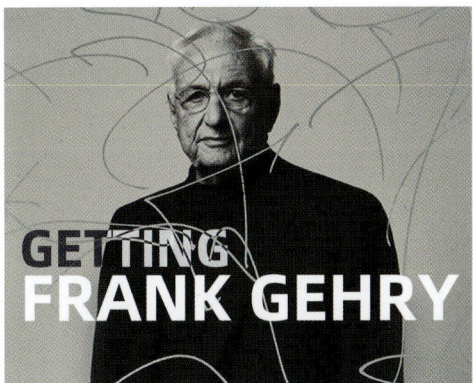

图 3.4.5　弗兰克·盖里　　　　　　图 3.4.6　弗兰克·盖里设计的鱼形雕塑

在弗兰克·盖里的鱼形雕塑中,粗细不一的线条以不同的排列方式结合,构成了一个具有强烈视觉效果的立体作品。粗线条提供了结构和形态,细线条增强了表面的质感和光影变化。这种不同线构成形式载体的组合方式,成功地融合了功能性与艺术性,使作品既有力量感,又具备细腻的美感。

三、线构成形式创作

（一）广州塔

广州塔的设计是线构成形式在建筑领域应用的一个杰出案例。通过创新的线条排列和结构设计,广州塔不仅实现了功能性和美观性的完美结合,还为城市增添了独特的地标性建筑。该设计结合了复杂的工程技术和独特的建筑美学,使广州塔成为中国和世界著名的摩天建筑之一。

1. 扭曲的结构设计

广州塔的核心设计理念是通过一系列螺旋上升的线条,构建出一个动态的、充满韵律的建筑形态。塔身的外立面由钢结构管线组成,这些线条从底部到顶部逐渐旋转、扭曲,形成了塔身的"腰部"——一个纤细的中部区域。这种设计不仅给人一种流动感和轻盈感,还增强了建筑的抗风性和稳定性。这些螺旋线条创造了一个看似不断在旋转的建筑表面,象征着现代城市的动感与活力。通过线条的扭曲排列,建筑显得更为纤细和高挑,同时展示出独特的雕塑感。

2. 结构与美学的结合

线构成形式在广州塔的应用不仅是为了视觉效果,更是为了满足建筑结构的需求。这些螺旋的钢管线条彼此交错、相互支撑,形成了一个网状的结构体系。这种设计方式使塔身能够承受巨大的风力和自重,保持稳定性。广州塔的线条构成使它在白天和夜晚展现出不同的视觉效果,如图3.4.7所示。白天,这些线条在阳光下形成丰富的光影效果,增强了塔身的立体感和动态感;夜晚,通过灯光系统的照射,线条构成的网状结构变得更加生动,形成了城市夜景中的一大亮点。

图 3.4.7　广州塔的日与夜

3. 文化与象征意义

广州塔的线构成形式不仅具有结构和美学功能,还承载着深厚的文化象征意义。塔身的螺旋上升形态象征着广州这座城市不断向上的发展势头,以及与世界接轨的开放姿态。设计师通过线条的流动性和连续性,表达了城市的生命力和未来的无限可能。这种象征意义通过建筑本身的线构成形式得到强化,成为广州这座现代化大都市的一个象征,代表了创新、发展和国际化。

广州塔通过线构成形式,成功地将结构工程与建筑美学融合在一起,创造了一个既具功能性,又具象征意义的现代地标。塔身的螺旋线条不仅赋予了建筑动感和轻盈感,还通过巧妙的结构设计保证了建筑的稳定性和安全性。这种创作方式展示了线构成形式在建筑设计中的巨大潜力和多样性。

(二)里昂圣埃克絮佩里机场火车站

圣地亚哥·卡拉特拉瓦(Santiago Calatrava)是一位西班牙建筑师和结构工程师,以将工程技术与雕塑艺术结合的建筑设计风格闻名。他设计的里昂圣埃克絮佩里机场火车站是线立体构成的经典建筑案例,充分展示了线条在建筑中的力量和美学表现,如图3.4.8。

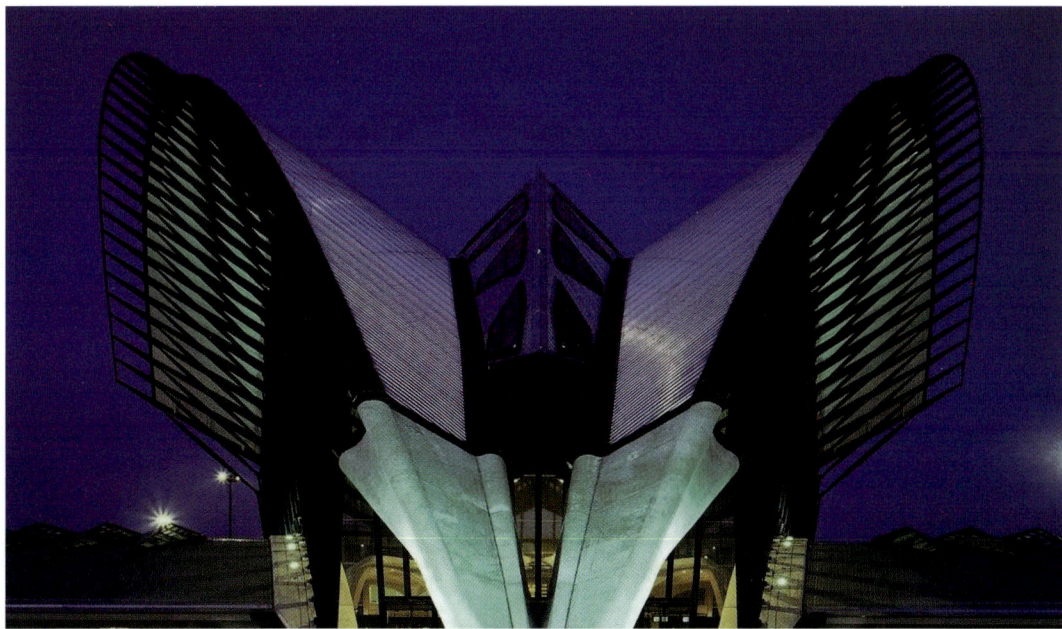

图 3.4.8　里昂圣埃克絮佩里机场火车站

里昂圣埃克絮佩里机场火车站位于法国里昂机场内,是一座以线条构成的建筑杰作。车站的设计灵感来源于鸟类展翅飞翔的形态。整个建筑呈现出流动的线条和复杂的结构,通过钢架和混凝土的结合,创造出一个充满动感的空间。

建筑采用了大量钢材和混凝土,线条以弯曲、交叉的方式形成了整个建筑的骨架。结构性的线条不仅支撑了建筑,还通过排列和形态的变化创造出一种向外扩展、充满张力的视觉效果。巨大的拱形结构和流动的线条结合,表现出建筑的轻盈感和动感。

1. 线构成形式的表达

设计师通过动态与有张力的线条表现出建筑的动感和力量。建筑的拱形结构通过线条的延伸和交错，形成了如同鸟翼的动态姿态，给人一种随时可能展翅起飞的感觉。这些线条不仅定义了建筑的形态，还通过变化的角度和曲率营造出一种强烈的动感和张力。

2. 结构与美学的融合

在这个作品中，线条不仅是视觉上的元素，更是建筑的结构核心。设计师通过精确的工程设计，使这些线条不仅能够支撑起建筑的重量，还形成了一个具有高度美感的空间。线条的排列和组合展示了工程技术与艺术美学的完美融合，使整个建筑如同一件巨大的雕塑。

里昂圣埃克絮佩里机场火车站是线立体构成在建筑设计中的杰出案例。设计师通过对线条的巧妙运用，不仅构筑了一个功能性强的交通枢纽，更将建筑提升为一件具有雕塑感的艺术作品。这一案例突出展示了线条在建筑中的力量与美学潜力，成为现代建筑设计中的经典之作。

📖 |思考练习|

1. 如何在建筑设计中通过线条的动态排列表达空间的流动性？

思考：请结合一个具体的建筑案例，分析线条在塑造空间感和引导观众视线方面的作用，并探讨线条的形态和排列对人们的空间体验的影响。

2. 线条在立体构成中如何同时发挥结构功能和美学功能？

思考：讨论线条在建筑中作为结构支撑的重要性，并分析如何通过线条的设计和排列，赋予建筑美学价值。举例说明一个既具结构强度，又充满美感的建筑作品。

3. 如何在立体构成作品中平衡线条的复杂性与简洁性？

思考：在设计过程中，如何决定线条的数量、排列方式和形态，以达到既有复杂的视觉效果，又保持整体设计简洁的目标？请用实际案例说明设计师如何在这两者之间找到平衡。

任务五　面的立体构成

一、面的立体构成

面的立体构成是指通过不同平面的组合、折叠、切割等方式，在三维空间中创造出有体积感和结构感的形态。相比点和线的构成，面构成更强调表面、体积和空间关系，它通过将二维平面转化为立体形态，构建出丰富的视觉效果和空间体验。一张纸是一个平面。如果把这张纸折叠、剪裁或以特定角度连接起来，它就不再是一个平面，而是变成一个有体积的物体，如一个盒子、一个多面体或一个复杂的折纸作品。这些都是面的立体构成的例子。通过把多个平面组合在一起,我们能够创造出各种各样的三维物体。这种方法在建筑、雕塑、产品设计中广泛应用,用来表达丰富的形式和结构。

折纸是一种经典的面立体构成艺术形式,如图 3.5.1 所示。通过对纸张的折叠、弯曲,原本平坦的纸面被赋予了立体的形态。一张简单的正方形纸片,经过一系列的折叠,可以变成一个纸鹤、纸盒或其他复杂的立体形象。在折纸艺术中,每个折痕都把平面分割成多个小的面,这些面通过不同的角度组合起来,形成了具有体积的立体造型。折纸不仅体现了面的组合技巧,还展示了如何在不使用切割的情况下,通过折叠来实现面构成的立体化。

图 3.5.1　折纸艺术家的作品

悉尼歌剧院(见图 3.5.2)是由丹麦建筑师约恩·乌松设计的,是面立体构成的经典作品。它的外观由一系列弯曲的壳状结构组成,这些结构看起来像一组巨大的贝壳或展开的帆。悉尼歌剧院的壳体结构由一系列曲面构成,这些曲面通过组合、拼接创造出建筑的整体形态。每个壳体通过不同的角度组合在一起,形成了具有强烈空间感和视觉冲击力的建筑。这些曲面是装饰性的元素,也是支撑建筑结构的重要部分,展示了面构成在建筑中的功能性和美学价值。

图 3.5.2　悉尼歌剧院

面的立体构成是通过对平面的处理,创造出有体积感和结构感的三维形态。这种方法广泛应用于各类艺术、设计和建筑领域。折纸和悉尼歌剧院的例子展示了面构成的多样性:它既可以在小尺度的手工艺中实现,也可以在宏大的建筑设计中发挥作用。通过对面进行巧妙的组合、折叠和排列,设计师能够创造出丰富的立体形态,并通过这些形态表达特定的视觉效果和空间体验。

二、面构成形式的应用方法分析

在面构成中,设计师通过不同的组合和排列方式,创造出具有特定视觉效果和空间感的立体形式。常见的面构成方法有两种:累叠构成和间隔排列。

（一）累叠构成

累叠构成是指通过将多个面层叠排列,创造出具有深度和立体感的构成形式。这种方法常用于表现复杂的纹理、渐变的层次感或增强作品的视觉厚度和强度。

荷兰艺术家埃舍尔的作品《瀑布》(见图 3.5.3)通过精妙的几何构造和错觉技巧,展示了累叠构成的奇妙效果。在这幅画中,埃舍尔描绘了一个看似不可能的瀑布,水流沿着一系列错落有致的平面从高处落下,形成一个永不停歇的循环。埃舍尔通过将多个平面以视觉上的错位方式累叠,使观看者感受到一种错觉般的深度和空间感。这些面实际上是在同一个平面上绘制的,但通过巧妙的累叠,它们给人一种立体的错觉,增强了作品的视觉冲击力。

图 3.5.3　埃舍尔《瀑布》

（二）间隔排列

间隔排列是指将多个面以一定的距离和规律进行排列,从而创造出一种节奏感和透视效果。这种方法常用于表现有序的结构、韵律感或通过空间的间隔产生独特的视觉体验。

英国建筑师诺曼·福斯特设计的千禧桥(见图 3.5.4)是伦敦的一座步行桥。这座桥以简单、现代的线条和面为主,桥面和扶手由一系列金属板组成,金属板之间存在间隔,从而营造出一种轻盈和开放的感觉。

图 3.5.4　诺曼·福斯特设计的千禧桥

　　在千禧桥的设计中,桥面的金属板间隔排列,形成了桥身的主要结构。金属板的间隔不仅减少了材料的重量,还使光线能够穿透,增强了桥梁的通透性。这种有规律的间隔排列使整个桥梁在视觉上呈现出一种连续而不失节奏感的效果,给行人带来了独特的空间体验。

　　累叠构成通过将多个面层叠排列,创造出深度感和立体感,常用于表现复杂的空间结构或增强视觉厚度。间隔排列通过在面与面之间保留一定的距离,创造出节奏感和透视效果,通常用于表现有序的空间结构和通透感。这两种面构成形式各有特色。通过不同的应用方法,设计师能够实现丰富多样的视觉效果和空间体验。

三、面构成形式创作

　　面构成形式创作是在三维空间中,将平面以不同方式组合、排列或变形,形成具有体积感和空间感的作品。这种方法在建筑、雕塑、产品设计等领域被广泛运用。通过巧妙地利用平面,设计师可以创造出独特的视觉效果和功能性结构。

(一)折纸建筑设计

　　折纸艺术运用简单的纸张,通过折叠来构建复杂的三维形态。这种方法运用于建筑设计中,可以创造出既具美感,又具功能性的建筑结构。

三鹰之森吉卜力美术馆（见图 3.5.5）的设计借鉴了折纸艺术的理念。建筑的屋顶和墙面运用了大量折叠面，仿佛巨大的折纸结构。这些折叠的面不仅是装饰，还起到了遮阳、引导雨水等作用。折纸式的面构成通过对平面的折叠，创造出多变的几何形态，增强了建筑的视觉冲击力和功能性。这种设计强调了面与面的关系，展示了平面在三维空间的转化和应用。

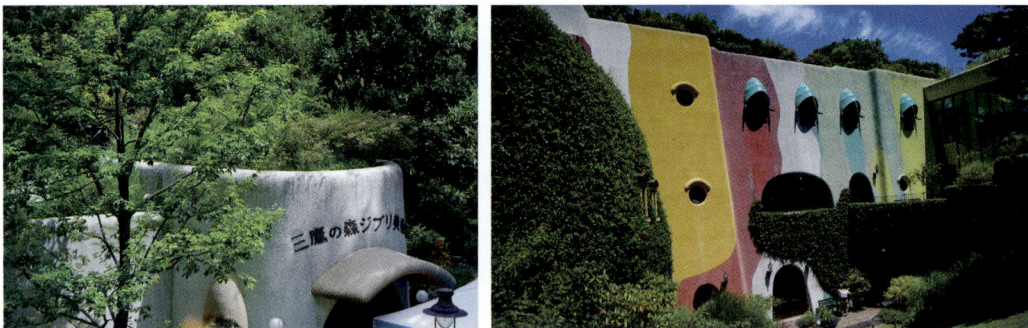

图 3.5.5　三鹰之森吉卜力美术馆

（二）雕塑中的面分割

在雕塑创作中，将大块的材料切割成多个面并进行组合，可以形成复杂的立体形态。这种方法特别适合用于金属、石材等坚硬材料的处理。

理查德·塞拉（Richard Serra）是一位著名的当代雕塑家，他的作品 *Torqued Ellipses* 用巨大的钢板构成了扭曲的椭圆形态（见图 3.5.6）。这些钢板被切割、扭曲后，形成了封闭的空间。人可以在其中穿行，感受钢板面构成的压迫感与空间变化。理查德·塞拉的作品展示了如何通过面分割和扭曲，形成动态的立体空间。钢板的面不仅构成了雕塑的外形，还通过其排列方式改变了空间的流动感，增强了观看者的互动体验。

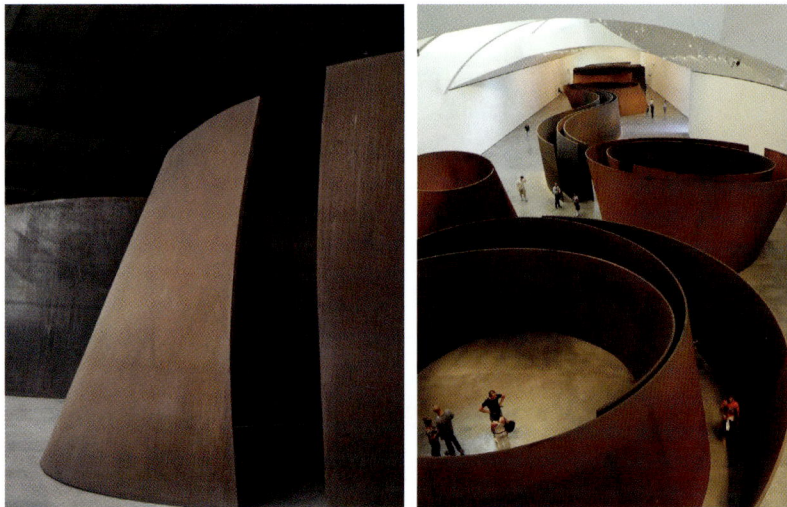

图 3.5.6　理查德·塞拉的 *Torqued Ellipses*

（三）建筑外立面的面排列

在建筑设计中，外立面是建筑与外界的主要接触面。通过对外立面的不同面进行排列和组合,建筑师可以创造出具有独特视觉效果的建筑物。

国家体育场(见图3.5.7)是面构成的杰出代表。体育场的外立面由一系列交错的钢板构成,这些钢板像鸟巢一样交织在一起,形成了建筑的主要结构和外观。这些钢板通过复杂的排列形成了一个既支撑建筑结构,又具备视觉冲击力的外壳。交错的面创造了丰富的光影效果,也使建筑在视觉上显得轻盈且富有动感。这种面构成的设计不仅使建筑成为功能性场所,而且使建筑成为地标性的艺术作品。

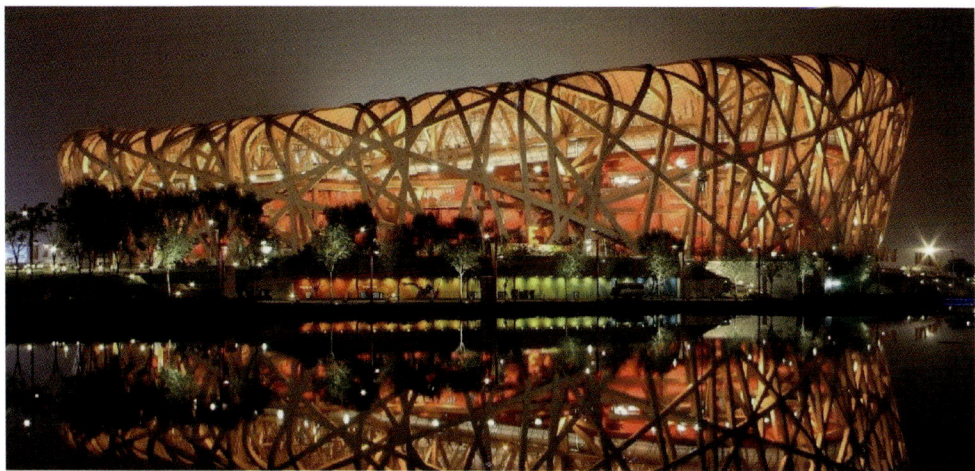

图 3.5.7　国家体育场

折纸建筑设计,展示了如何通过折叠面来创造功能性和美观性并存的建筑形态。雕塑中的面分割,展示了通过切割和扭曲面来创造具有空间感和动态效果的雕塑作品。建筑外立面的面排列,展示了通过面与面的复杂组合,形成具有标志性和艺术性的建筑外观。这些案例表明,面构成形式在不同领域中的应用各具特色,设计师可以通过巧妙的设计和创作在三维空间中展现出丰富的视觉效果和空间体验。

📖｜思考练习｜

1. 如何在建筑设计中通过面构成形式平衡美学与功能性?

思考:结合一个具体的建筑案例,分析设计师如何通过对面的折叠、排列或切割实现了建筑的美观效果,确保其结构功能的稳定性和实用性。

2. 面构成形式如何在雕塑创作中增强观众的空间体验?

思考:选择一个著名的雕塑作品,讨论艺术家如何利用面构成的分割、扭曲或组合改变观众的空间感知,并探讨这种变化如何影响观众的情感或心理体验。

3. 在面构成创作中,如何通过面与面的交错排列塑造建筑的视觉冲击力?

思考:以一个标志性建筑为例,分析其外立面的面构成方式,并讨论这些面的排列如何创造出独特的光影效果和视觉动感,从而使建筑具有强烈的视觉冲击力。

任务六　立体构成在设计中的应用

一、立体构成的色彩应用

立体构成的色彩应用是指在三维设计中,通过色彩的选择和运用,增强作品的视觉效果、情感表达和空间感知。色彩在立体构成中不仅是装饰元素,还起到引导视线、划分空间、强调结构和传达情感的作用。

（一）建筑设计中的色彩应用

在建筑设计中,通常采用色彩对建筑外观和内部空间进行处理,来营造特定的氛围、传达文化意义或引导观看者的视觉焦点。色彩可以使建筑物更具识别性,或者通过色彩对比和搭配增强建筑的立体感和空间层次。

墨西哥建筑师路易斯·巴拉干是现代主义建筑师的代表,他在设计中大量使用鲜艳的色彩,如红色、黄色和蓝色。这些颜色不仅为建筑增添了视觉冲击力,还通过色彩与光影的互动增强了空间的深度和层次感。路易斯·巴拉干利用用色彩来划分空间、引导视线,并赋予建筑浓厚的文化氛围和情感表达,如图 3.6.1 所示。色彩在他的设计中不仅是视觉元素,更是构成空间体验的重要部分。

图 3.6.1　路易斯·巴拉干的住宅设计

（二）产品设计中的色彩应用

在产品设计中,色彩能够影响消费者的情感和购买决策。通过合理的色彩搭配,设计师可以突出产品的功能性、提高辨识度或赋予产品独特的品牌特征。

意大利品牌 ALESSI 以其色彩鲜艳、设计独特的厨房用品闻名,如图 3.6.2 所示。其设计常采用大胆的色彩,如鲜红、明黄和亮蓝。这些颜色不仅让产品显得活泼有趣,还使其在市场上非常具有识别性。通过色彩的巧妙运用，ALESSI 的产品在外观上吸引眼球，同时传达了品牌轻松、愉悦的生活理念。色彩在这些产品中不仅是装饰，更是与用户情感连接的重要媒介。

图 3.6.2　ALESSI 厨房用品设计

（三）室内设计中的色彩应用

在室内设计中，色彩通过墙面、家具、装饰品等的搭配和运用，来塑造空间氛围，影响人们的心理和情感体验。色彩可以使空间显得更宽敞或更紧凑、更温馨或更冷静。

斯堪的纳维亚风格以简洁、自然著称，通常使用白色、灰色等冷静的中性色调，搭配少量明亮的颜色点缀，如蓝色、绿色或黄色。这种色彩应用让室内空间显得明亮、宽敞又不失温馨感，如图 3.6.3 所示。通过冷暖色调的巧妙搭配，这种设计风格既保持了简约的视觉效果，又通过少量色彩的点缀增添了活力，使空间在视觉上既舒适又充满生机。

图 3.6.3　斯堪的纳维亚风格的室内设计

建筑设计中的色彩应用利用色彩来划分空间、传达文化和情感，如路易斯·巴拉干的住宅设计。产品设计中的色彩应用通过色彩吸引消费者，增强产品的品牌特征和市场辨识度，如ALESSI的厨房用品设计。室内设计中的色彩应用通过色彩搭配塑造空间氛围，影响居住者的心理感受，如斯堪的纳维亚风格的室内设计。

在立体构成中，色彩的应用不仅能够增强设计的视觉效果，还能深刻影响人们对空间和物体的感知与情感反应。设计师可以通过色彩的巧妙运用，使作品在形式和内容上都具有更深层次的表达力。

二、立体构成的肌理应用

立体构成的肌理应用是指在三维设计中，通过材料表面纹理的处理和运用，增强作品的视觉和触觉效果，从而丰富设计的表现力和情感表达。肌理不仅影响设计作品的外观，而且直接影响人们对材料质感、重量和温度的感知。在现代设计中，肌理的巧妙应用能够赋予作品独特的个性，使其在视觉上更具吸引力。

（一）建筑设计中的肌理应用

在建筑设计中，肌理通过不同材质的运用和表面处理来体现建筑的风格、文化内涵和使用功能。例如，粗糙的混凝土表面、光滑的玻璃幕墙、纹理丰富的砖石，会给人不同的感受和体验。

日本建筑师安藤忠雄在"光之教堂"中采用了大量未经修饰的清水混凝土。这种材料的粗糙肌理与教堂内柔和的光线形成了强烈对比，既突出了建筑的纯净与沉静，又增强了空间的神圣感，如图3.6.4所示。通过对混凝土肌理的利用，安藤忠雄让建筑不仅在形式上简洁明了，还在质感上给人一种原始且质朴的感受，突出了建筑的精神力量。

图 3.6.4　安藤忠雄的"光之教堂"

（二）产品设计中的肌理应用

在产品设计中，肌理的应用通过不同材料的表面处理，提升产品的触感和外观质感，使用户在使用过程中获得更好的体验。例如，电子产品外壳的磨砂处理或皮革制品的纹理感，都能显著提升产品的品质。

丹麦高端电子品牌 B&O 的音响产品常采用铝合金和木材等,并通过精细的表面处理赋予产品独特的肌理,如图 3.6.5 所示。例如,铝制外壳的拉丝纹理和木质面板的天然纹理,使音响不仅具备优质的声学性能,还在视觉和触觉上都显得高档精致。这种肌理的应用让音响产品在提供高质量音效的同时,成为室内的一件艺术品,使用户在触摸和使用时感受到产品的独特品质。

图 3.6.5　B&O 的音响设计

(三)家具设计中的肌理应用

在家具设计中,肌理可以通过材料的选择和表面处理来增强家具的美观性,提高舒适度。例如,木材的天然纹理、大理石的冷硬质感、织物的柔软肌理,都会影响家具的视觉效果和使用体验。

著名设计师埃罗·沙里宁设计的郁金香椅采用了光滑的塑料和柔软的布艺结合,如图 3.6.6 所示。椅子的光滑表面带来现代感,座椅部分的柔软织物提供舒适的触感。这种对比使椅子既有科技感,又不失温暖的使用体验。通过光滑与柔软肌理的对比,沙里宁的设计不仅在视觉上简洁优雅,而且在触感上非常舒适,满足了人们对家具功能性和美观性的双重需求。

图 3.6.6　埃罗·沙里宁的郁金香椅

建筑设计中的肌理应用通过材料的表面处理，突出建筑的风格和空间感，如安藤忠雄的清水混凝土运用。产品设计中的肌理应用通过表面纹理处理，提升产品的触感和视觉品质感，如B&O音响的铝制外壳和木质面板组合。家具设计中的肌理应用通过不同材质的结合，提高家具的舒适度并增强美感，如埃罗·沙里宁设计的郁金香椅。在立体构成中，肌理不仅是形式的一部分，更是设计表达的一种语言。通过对肌理的巧妙运用，设计师能够赋予作品更丰富的感官体验和情感内涵。

三、立体构成在各个领域的设计应用

立体构成在现代设计中的应用非常广泛，涵盖建筑设计、产品设计、室内设计、景观设计、服装、设计等多个领域。通过对点、线、面、体等元素的立体化处理和空间组织，立体构成能够有效提升设计作品的视觉冲击力和功能性。

（一）建筑设计

在建筑设计中，立体构成被用于塑造建筑的外部形态和内部空间。设计师通过不同的几何形体、结构形式和材料的组合，创造出具有独特空间感和艺术性的建筑物。

苏州博物馆是贝聿铭的代表作品之一，体现了现代立体构成与传统文化元素的结合，如图3.6.7所示。苏州博物馆的设计运用了大量几何形体，包括三角形、菱形、梯形等；通过不同的组合和排列，创造出一个富有韵律感的空间布局。在苏州博物馆的设计中，贝聿铭巧妙地将现代几何构成与中国传统建筑元素（如白墙、灰瓦和庭院布局）结合，使建筑既现代，又具有浓厚的文化底蕴。苏州博物馆的立体构成不仅在视觉上形成了和谐的整体，也为展览提供了灵活多变的空间，使其成为现代与传统完美融合的典范。

图 3.6.7　苏州博物馆

（二）产品设计

在产品设计中,立体构成用于提升产品的功能性和美感。设计师通过对产品的外形、结构、材质和颜色进行立体化设计,创造出具有独特外观和使用体验的产品。小米公司的产品设计,通过简洁的几何形体和流线型设计,使产品不仅具有科技感,还具有极高的美学价值。

（三）室内设计

立体构成在室内设计中主要体现在空间的布局、家具的设计、装饰元素的安排等方面。通过对空间的分割、重组和层次化处理,设计师可以创造出具有深度和立体感的室内环境。

博舍酒店是成都太古里的一部分,由中国著名设计师梁景华设计,如图 3.6.8 所示。该酒店融合了传统川西建筑风格与现代设计手法,是立体构成在室内设计中应用的典范。博舍酒店内部的空间设计充分运用了立体构成的理念。酒店大堂和走廊的设计采用了错层布局,利用不同高度和深度的空间划分,创造出丰富的层次感。通过这些立体布局,空间显得更加宽敞、通透,带来一种流动的空间体验。设计师在设计中大量使用木材、石材和玻璃,材料的立体构成使空间显得既传统,又现代。尤其是木制格栅的应用,不仅作为装饰,还通过立体排列形成光影效果,增加了空间的深度和视觉层次感。

图 3.6.8　成都太古里博舍酒店

酒店内的家具和陈设同样体现了立体构成的设计理念。例如,大堂内的座椅和屏风以几何形状设计,通过组合和摆放的立体构成,形成了具有现代感的空间装饰,同时增强了室内空间的功能性。

博舍酒店通过立体构成的设计手法,将传统与现代结合,创造出一个既具有历史文化氛围,又富有现代设计感的空间。酒店内部的层次感和空间流动性,让住客在不同的空间中都能体会到设计带来的舒适感和美感。酒店展示了立体构成在室内设计中的多样化应用,特别是通过空间布局、材料选择和家具设计增加空间的深度,增强视觉冲击力。在博舍酒店中,立体构成不仅增强了空间的功能性,还为住客提供了一种独特的体验。

（四）景观设计

在景观设计中,立体构成用于地形变化、植被组合、人造景观元素的空间布置。通过对自然元素和人造结构的立体化处理,设计师能够创造出动态的、富有层次感的户外空间。上海世博园中的"中国馆"景观设计,利用层叠的台阶、植物和水体,构建出一个既具有传统文化意象,又充满现代感的立体景观空间。

（五）服装设计

在服装设计中,立体构成主要体现在服装的立体剪裁、褶皱设计和材料的立体化处理上。设计师通过对面料和结构的创新处理,创造出具有立体效果的服装和配饰。日本设计师三宅一生的"褶皱"系列服装,通过特殊的褶皱技术和面料处理,创造出具有强烈立体感和动态感的时尚作品。

（六）工业设计

在工业设计中,立体构成用于产品外壳的设计、内部结构的优化以及整体产品造型的创新。通过立体构成,设计师能够提升产品的功能性、结构强度和美观度。特斯拉 Model X 的车身设计,利用流线型的立体构成,不仅提升了车辆的空气动力学性能,还使其在视觉上更加动感和前卫。

（七）包装设计

在包装设计中,立体构成用于提升包装的功能性和展示效果。设计师通过对包装盒形状、结构和装饰元素的立体化处理,使包装在保护产品的同时吸引消费者的注意力。某些高端香水的包装设计,通常采用复杂的立体构成(如多面切割的瓶身设计),使产品更具吸引力。

（八）艺术装置

立体构成在艺术装置中用于创造空间体验和视觉效果。艺术家通过对材料、形态和空间的立体化处理,创造出具有强烈空间感和互动性的艺术作品。

徐冰是中国当代著名艺术家,以观念性艺术作品闻名。他的"凤凰"系列艺术装置是大量运用立体构成手法的代表作,如图 3.6.9 所示。徐冰的"凤凰"系列艺术装置由两只巨大的凤凰构成,每只凤凰的长度约为 28 m。作品完全由从建筑工地上回收的废旧材料构成,这些材料被重新组装和拼接,形成了凤凰的立体结构。这种构造方式不仅使作品具备独特的视觉冲击力,还赋予它深刻的社会意义和环境意义。徐冰使用钢筋、管道、铁板、灯泡等废旧建筑材料,通过立体构成的手法,赋予这些原本无序的材料新的生命力。材料的粗糙与凤凰的优美造型形成了鲜明对比,增强了作品的视觉张力和立体效果。这种对材料的再利用,也传达了设计师对现代社会资源浪费的反思。

图 3.6.9　徐冰的 "凤凰" 系列艺术装置

　　在展出时,"凤凰"系列艺术装置通常悬挂于巨大的空间之中,如美术馆的大堂或户外广场。凤凰的悬浮姿态与周围空间形成互动,使整个作品不仅是一个视觉焦点,更是一个引人深思的环境装置。观看者在作品周围行走时可以从不同角度感受到作品的立体构成。徐冰的"凤凰"系列艺术装置通过立体构成的设计手法,成功地将废旧材料转化为具有文化和象征意义的艺术作品。作品不仅展现了凤凰这个传统中国文化符号的现代演绎,还通过立体构成的方式让观看者体验到强烈的视觉冲击力。作品因其震撼的表现力和深刻的社会意义,成为中国当代艺术装置的代表作。案例展示了立体构成在艺术装置中的应用,特别是如何通过形态重构、材料再利用和空间组织,创造出具有强烈视觉冲击力和深刻内涵的艺术作品。徐冰的"凤凰"系列艺术装置是立体构成在中国当代艺术中的一个成功范例。

　　立体构成在各个设计领域广泛应用,通过对空间、形态、材质的精巧处理,创造出具有视觉冲击力和功能性的作品。在建筑设计中,立体构成通过复杂的结构和层次丰富的空间布局打造标志性建筑;在产品设计和工业设计中,立体构成提升了物品的美观性与实用性;在室内设计和景观设计中,立体构成营造出多维空间体验和独特的环境氛围;在服装设计中,立体构成通过剪裁和材料处理赋予服装雕塑般的效果;在包装设计和艺术装置中,立体构成不仅增强了作品的艺术性与互动性,还将设计理念转化为视觉和触觉的双重享受。

📖 |思考练习|

　1. 如何通过立体构成的形式提升建筑设计中的空间体验?

思考：分析如何利用立体构成的手法，通过空间的层次和结构的设计增强建筑物的功能性和视觉冲击力，并举例分析成功的建筑作品。

2. 在产品设计中，立体构成如何兼顾美观与实用性？

思考：探讨立体构成在产品设计中的应用；探讨如何通过形态、材质的处理提升产品的美观性，增强其功能性，改善用户体验。

3. 立体构成在艺术装置中的应用如何影响观看者的感知与互动？

思考：分析立体构成在艺术装置中的运用，思考其如何通过空间、材质和形态的设计增强作品的视觉效果和互动性，影响观看者的情感和思维。

参考文献
References

[1] 朝仓直巳.艺术·设计的平面构成(修订版)[M].林征,林华,译.南京:江苏凤凰科学技术出版社,2018.

[2] 朝仓直巳.艺术·设计的色彩构成(修订版)[M].赵郧安,译.南京:江苏凤凰科学技术出版社,2018.

[3] 朝仓直巳.艺术·设计的立体构成(修订版)[M].林征,林华,译.南京:江苏凤凰科学技术出版社,2018.

[4] 朝仓直巳.艺术·设计的光迹构成(修订版)[M].白文花,译.南京:江苏凤凰科学技术出版社,2018.

[5] 王受之.世界现代设计史[M].2版.北京:中国青年出版社,2015.

[6] 杨光宇.中国画的平面与色彩构成[M].杭州:西泠印社出版社,2005.

[7] 万轩,刘琪,孔晓燕.设计构成[M].2版.北京:中国电力出版社,2014.

[8] 郭雅冬.构成基础[M].北京:清华大学出版社,2010.

[9] 李勇.立体构成:基础与实践[M].北京:北京工艺美术出版社,2020.

[10] 王磊.立体构成与空间设计[M].北京:清华大学出版社,2020.

[11] 张敏.立体构成与造型设计[M].南京:江苏美术出版社,2021.

[12] 刘华.立体构成原理与应用[M].南京:东南大学出版社,2021.

[13] 陈涛.立体构成教程[M].北京:中央美术学院出版社,2022.

[14] 周丽.立体构成:设计与实践[M].上海:上海人民美术出版社,2022.

[15] 李冬影.构成基础[M].2版.武汉:华中科技大学出版社,2023.

[16] 杨杰.立体构成基础[M].北京:北京大学出版社,2023.

[17] 孙华.现代立体构成[M].南宁:广西美术出版社,2024.

[18] 王蕾.立体构成与艺术表现[M].武汉:湖北美术出版社,2024.

[19] 吴静.立体构成与创意设计[M].天津:天津美术学院出版社,2023.